W0173552

Das Anti-Stress-Konzept

Das Anti-Stress-Konzept

Günter Niklewski

Rose Riecke-Niklewski

Stiftung Warentest

INHALT

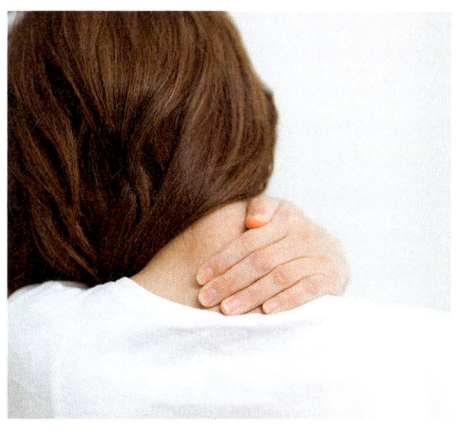

GESTRESST UND AUSGEBRANNT?

„Mir ist alles zu viel – zu viel Druck, zu viel Hektik, zu viel auf einmal und sofort, zu viel zu leisten und zu viel auszuhalten!" Kennen Sie das? Leiden auch Sie unter zu hohen Anforderungen und zu schweren Belastungen – kurz: unter Stress? Und wollen Sie das ändern? Dann gehen Sie es an! Dieses Buch hilft Ihnen dabei.

Alle im Stress

Im Stress sind...

die junge Anwältin auf dem Heimweg vom fünften Auswärtstermin diese Woche mit einem Becher Kaffee in der Hand und einer übervollen Aktentasche über der Schulter,

Herr Jost vor dem PC beim Beantworten einer E-Mail gleichzeitig am Telefon in einem Verkaufsgespräch mit einem Kunden,

aber auch der Langzeitarbeitslose im Jobcenter mit dem Kürzungsbescheid seines Arbeitslosengelds II in der Tasche und

die junge allein erziehende Mutter im Discounter, das eine Kind auf dem Arm, das andere quengelt laut und will unbedingt ein Eis.

Im Stress sind auch auf jeden Fall der Student, der die letzte Klausur nicht bestanden hat und gleich die nächste schreibt, Herr und Frau K., die ihre Hausrate nicht bezahlen konnten, die Patientin in Zimmer 405 vor der ersten Chemo...

Und was ist mit Herrn Müller, der seine an Alzheimer erkrankte Frau pflegt und sie schon wieder daran hindern muss, das Haus zu verlassen, und der Nachbarin, die letzte Woche ihren Mann verloren hat?

Wahrscheinlich könnten Sie hier ohne Schwierigkeiten weitermachen und die Reihe fortsetzen mit Beispielen für Stresssituationen, die ganz genau auf Sie zutreffen.

Von der Hausfrau bis zum Manager

Kennen Sie jemanden, der das Wort „Stress" noch nie in den Mund genommen hat?! Dass es der Begriff Stress bis ganz weit oben in den Charts der Lieblingswörter geschafft hat, kommt nicht von ungefähr. Denn wie viele gibt es unter uns, die nicht „gelegentlich", „häufig" oder gar „ständig" sagen könnten – oder müssen: „Ich bin gerade im Stress!"?

Sie haben es vielleicht an unseren Formulierungen gemerkt, dass hier eine Befragung Pate stand, und zwar die inzwischen oft zitierte Umfrage, die im Januar 2009 das Berliner Meinungsforschungsinstitut forsa (Gesellschaft für Sozialforschung und statistische Analysen mbH) im Auftrag der Techniker Krankenkasse und des FAZ-Instituts durchführte. Telefonisch interviewt wurden dafür 1014 Bundesbürger zwischen 14 und 65 Jahren. Sie sollten Auskunft geben zu ihrem persönlichen Stresspegel, dem Umgang mit Stress sowie dessen gesundheitlichen Folgen. Das Ergebnis wurde veröffentlicht unter dem Titel: „Von der Hausfrau bis zum Manager – Deutschland im Stress".

Und wie sah dieses Ergebnis aus? Tatsächlich waren es damals nur rund 17 Prozent der Befragten, die angaben, „nie" gestresst zu sein. Und jeder Dritte gab an, „ständig" unter Stress zu stehen.

Der Stressreport und andere Umfragen

Natürlich gab und gibt es nicht nur diese Umfrage. Im Januar 2013 veröffentlichte die Bundesanstalt für Arbeitsschutz und Arbeitsmedizin in Zusammenarbeit mit dem Bundesinstitut für Berufsbildung kurz: BIBB/ BAuA den „Stressreport Deutschland 2012". Fast 20 000 Beschäftigte waren befragt worden. Die Fragen bezogen sich auf Arbeitsbedingungen, die Beanspruchung durch die Arbeit und mögliche gesundheitliche Beschwerden als Folge dieser Beanspruchung. Das positive Ergebnis: Offenbar erleben heute weniger als noch vor einigen Jahren eine „Zunahme von Stress und Arbeitsdruck". Aber: Noch immer gab fast die

Hälfte der Befragten an, dass Stress und Arbeitsdruck in den letzten zwei Jahren zugenommen hätten, und nannte eine Vielzahl negativer Stressfolgen.

Aus diesem Grund ist es vor allem bei Krankenkassen beliebt, Menschen in groß angelegten Befragungen nach ihrem „Stress" zu fragen. Denn: „Stress" kann krank machen – so heißt es. Und das immer häufiger. Dies ist zumindest das Ergebnis des BKK-Gesundheitsreports, der seit Jahren die gesundheitlichen Befunde von 12 Millionen BKK-Versicherten – immerhin fast 20 Prozent der sozialversicherungspflichtig Beschäftigten in Deutschland – analysiert und auswertet. Ein Ergebnis dieser Auswertungen: Während die Anzahl der Krankheitstage aufgrund des immer häufiger diagnostizierten Burn-out-Syndroms (siehe Seite 35) in Deutschland im Jahr 2004 durchschnittlich 4,6 Krankheitstage auf Tausend Versicherte (ohne Rentner) betrug, waren es im Jahr 2011 rund 80 Tage.

Und eine Zunahme von Krankheiten zu verhindern, ist ja ein Anliegen aller Krankenkassen. Aber nicht nur der Krankenkassen – natürlich möchte niemand von uns durch Stress derart belastet werden, dass der Körper zu streiken beginnt.

Deshalb – dies ergab eine Befragung dieses Mal durch die DAK, die bei über 3 000 Personen nachfragen ließ – ist unter den Top-Ten der guten Silvester-Vorsätze fürs jeweils nächste Jahr in den letzten Jahren bei immer mehr Menschen die Stressreduktion oder das Vermeiden von Stress zu finden. Auch für das Jahr 2013 führte dieser Vorsatz in der Ranking-Liste aller guten Vorsätze.

Was stresst uns?

Selbstverständlich blieben die Umfragen nicht bei der allgemeinen Frage nach Stress stehen. Interessant werden die Ergebnisse ja erst, wenn man weiß, was eigentlich „stresst". Um dem auf die Spur zu kommen, wurden in der eben zitierten DAK-Umfrage (wieder durch forsa) die Personen, die sich vorgenommen hatten, Stress abzubauen, gefragt: In welchen der folgenden Situationen oder Bereiche empfinden Sie Stress?

INFO Geografie des Stresserlebens

Eine andere Krankenversicherung, die Deutsche Krankenversicherung (DKV), hat unter einer ganz anderen Fragestellung – sie fragte 2012 nach dem persönlichen Gesundheitszustand – herausgefunden, dass offenbar auch das jeweilige Bundesland, in dem die Befragten leben, Einfluss darauf hat, wie stark man sich selbst durch Stress belastet fühlt. Die Zahl derer, die angeben können, „ohne Stress oder nur mit wirksam bekämpfbarem Stress im Alltag" zu leben, reicht von 42 Prozent (NRW) bis zu 57 Prozent in Niedersachsen und Bremen.

Das Ergebnis: 47 Prozent nannten „Zeitdruck im Beruf" als Hauptstressfaktor. „Gesundheitliche Sorgen" und „Hektik und Stress im Alltag" folgten dichtauf (43 Prozent). Kaum weniger (41 Prozent) nannten „Streit oder Ärger in der Familie". Ein Drittel gab an, durch die Herausforderung, Beruf und Familie unter einen Hut zu bekommen, gestresst zu sein. Danach folgen „finanzielle Sorgen", zu viele „familiäre Verpflichtungen", Konflikte mit Kollegen oder dem Chef und, inzwischen weit abgeschlagen, die Angst, den Job zu verlieren.

Natürlich zeigten sich bei der Gewichtung der Stressbereiche große Unterschiede je nach Alter und Geschlecht der Befragten. Naturgemäß sind die gesundheitlichen Sorgen eher ein Stressfaktor der älteren Bevölkerung. Ereignisse beziehungsweise Situationen rund um den Beruf und die Familie dagegen lösen vor allem bei den unter 60-Jährigen Stress aus.

Ebenfalls nicht allzu verwunderlich ist die Tatsache, dass vor allem Frauen Stress empfinden bei der Anforderung, Familie und Beruf unter einen Hut zu bringen. Sie leiden im Übrigen auch mehr unter dem Streit in der Familie als Männer und werden mehr durch Hektik und Stress im Alltag belastet.

Mein Stress

Wenn Sie dieses Buch gekauft haben, gehören Sie sicher ebenfalls nicht zu den Menschen, die sagen können: „Ich persönlich leide nie unter Stress." Und aller Wahrscheinlichkeit nach haben auch Sie sich vorgenommen, Ihren Stress zu minimieren oder Wege zu finden, mit ihm besser umgehen zu können. Und welchen? Wie sieht es bei Ihnen aus? Haben Sie Lust, eine Selbstbefragung zu machen?

Möchten Sie Ihre persönliche Stressbelastung ein bisschen genauer betrachten, herausfinden, in welchen Situationen, bei welcher Tätigkeit und wie Sie besonders gestresst sind? Haben Sie eine Minute – oder besser einige Minuten – Zeit?

Nehmen Sie einen Stift zur Hand und versuchen Sie – ohne Anspruch auf Vollständigkeit, Richtigkeit, Originalität oder gar guten Schreibstil – einfach mal aufzuschreiben, was Sie stresst. Und vor allem, auch wenn diese Selbstbefragung, dieses Nachdenken über Ihren Stress in Arbeit ausartet – lassen Sie sich nicht stressen:

Ich frage mich...

Beginnen Sie einfach mit der Frage, der sich die Befragten der DAK (siehe Seite 9) gegenübersahen, aber ohne die Vorgaben, die nur ein einfaches „Ankreuzen" erforderten:

1) In welchen Bereichen, in welchen Situationen fühle ich mich „gestresst"?
Fragen Sie sich zum Beispiel:
■ Hatte ich in letzter Zeit Schicksalsschläge zu verkraften, etwa: die schwere, vielleicht lebensbedrohliche Erkrankung oder gar den Tod eines Familienmitglieds? Bin ich verantwortlich für ein krankes Familienmitglied – vielleicht sogar in die Pflege eingebunden? Leide ich selbst an einer schweren körperlichen oder seelischen Krankheit? Wurde ich arbeitslos oder bin von Arbeitslosigkeit bedroht? Habe ich finanzielle Sorgen? Oder ist es doch „nur" der ganz normale „Stress", der mich fertigmacht?!
■ Ist es der Stress jeden Morgen, bis die Familie aus dem Haus ist, wenn ich dann schon wieder viel zu spät dran bin, weil ich ja noch in der Wohnung Klarschiff machen muss, bevor ich die Jüngste im Kin-

dergarten abliefern kann, zum Bus hetze und der mal wieder völlig überfüllt an mir vorbeifährt...?

■ Ist es der Chef, der mir immer mehr auf den Schreibtisch stapelt und mir viel zu enge Termine setzt und dabei behauptet, das ließe sich doch locker schaffen, oder der „Briefkasten", der von E-Mails überquillt, die dringend beantwortet oder zumindest gelesen werden müssten? Ist es das Telefon, Handy, das immer dann klingelt, wenn ich gerade konzentriert an etwas ganz anderem sitze?

■ Ist es die neue Kollegin, die meist ganz am oberen Ende des Tisches Platz nimmt und so tut, als schüttle sie die originellsten Ideen einfach so aus dem Ärmel, während ich, wenn sie zu reden beginnt, seit mindestens einer halben Stunde nur noch an die Mittagspause denken kann und an den Kaffee, der mich wieder „denkfähig" machen soll?

■ Oder ist mein größter „Stress" das Nachhausekommen von einem anstrengenden – nein, nicht stressigen! – Arbeitstag, wenn meine Frau

---

INFO Schnelltest im Internet

Vielleicht haben Sie sich schon einmal „getestet". Es gibt ja inzwischen in vielen Zeitschriften oder auch im Internet solche Stress-Tests, die Ihnen dann entweder bescheinigen, Ihre „Alltagsprobleme locker und gelassen, oft mit Humor zu nehmen" (AOK-Burn out-Selbsttest http://meine.aok.de/burn-out-test-7157.php) oder möglicherweise schon kurz vor einem stressverursachten Herzinfarkt zu stehen.

Solche Tests sind nicht besonders aussagekräftig oder sogar eher schädlich, sobald sie mit der Auswertung eindeutige Zusammenhänge zwischen Ihrem „Stress" und einer möglichen Erkrankung herstellen, wie zum Beispiel der Test, den eine Lifestyle-Zeitschrift im Internet anbietet und den Menschen, die – sich selbst einschätzend – das Leben eher locker nehmen können, bescheinigt: „Glückwunsch! Wenn Sie Ihr Stresspotenzial auf dem jetzigen Stand halten, besteht keine akute Gefahr für eine Herzerkrankung." Umgekehrt sind sie keine Hilfe, wenn sie Menschen dazu veranlassen, aufgrund ihrer ach so schlechten „Stress-Werte" zukünftig nur auf Schonung zu achten, statt zu leben!

schon dasteht, mir das Baby in den Arm drückt mit einem Blick, der mir unmissverständlich klarmacht, dass ein Mutter- und Hausfrauentag wirklicher Stress ist, während ich ja eigentlich auf der Arbeit nur meinen persönlichen Ehrgeiz oder was auch immer befriedigt habe?

Nennen Sie ruhig mehrere „Stressbereiche", falls es die gibt.

Sie sehen: Ihre Liste der Stressbereiche wird aller Wahrscheinlichkeit nach sehr viel genauer, spezifischer und individueller sein, als die Rangliste der statistischen Erhebung. Und das ist gut so. Denn der erste Schritt in Richtung Stressbewältigung ist immer die Identifizierung meines „Stresses".

Sind Sie noch in der Lage, weiterzumachen? Oder „stresst" Sie diese (Selbst-)Befragung? Wenn Sie noch mögen: Fragen Sie sich:

2) Woran merke ich eigentlich, dass ich gestresst bin?
Fragen Sie sich zum Beispiel:
■ Bin ich nervös, angespannt, reagiere ich überempfindlich auf Kleinigkeiten? Kann ich mich nicht konzentrieren, vergesse alles und habe das Gefühl, nichts mehr zustande zu bringen, weil mir alles zu viel ist?
■ Muss ich leider feststellen, dass ich ständig gereizt oder gar aggressiv bin und Streit suche? Oder werfen mir andere dies vor?
■ Habe ich „vor lauter Stress" Nackenverspannungen, Kopfschmerzen, Rückenschmerzen, Bauchweh, Herzrasen, Schlafprobleme …?
■ Fühle ich mich leer, ausgebrannt, habe zu nichts mehr Lust? Fahre ich meine Aktivitäten (auf der Arbeit oder vielleicht auch in der Freizeit) zurück? Kann ich mich an nichts mehr freuen?
■ Oder bin ich schon krank „vor lauter Stress"?

Und zum Schluss:

3) Was mache ich, wenn ich spüre, dass ich „im Stress bin"? Und ist das produktiv? Geht es mir dann besser?
Fragen Sie sich zum Beispiel:
■ Lasse ich Dampf ab – indem ich jemanden anschreie oder auf den Tisch haue?
■ Nehme ich mir ein Bier, setze mich vor den Fernsehapparat und lasse mich berieseln?

- Schnappe ich mir die Sporttasche und laufe eine Runde?
- Versuche ich meine Arbeit anders zu organisieren?
- Lasse ich mich krankschreiben...?

Auf Ihre Antworten auf diese Fragen werden wir später zurückkommen.

Das Anti-Stress-Konzept

Vielleicht ist Ihnen aufgefallen: Wir haben das Wort „Stress" meist in Anführungszeichen gesetzt. Wir wollten damit signalisieren: Wenn man heute über Stress redet, hört und liest, sieht das nur so aus, als wenn jeder wüsste, was damit gemeint ist. Dem ist leider nicht so. Man könnte fast sagen: Was als „Stress" bezeichnet wird, ist Ansichtssache – und nicht nur in der Alltagssprache. Auch in der Stressforschung ist es „Ansichtssache" insoweit, als verschiedene Forschungsdisziplinen ihr Stresskonzept von unterschiedlichen Standpunkten aus – und damit aus jeweils anderen Blickwinkeln – entwickelt haben. Interessiert uns das?

Es muss: Denn Stressbewältigung beginnt im Kopf. Wer unter Stress leidet und wer sich – so wie Sie – fest vorgenommen hat, seine Stressbelastung zu verringern, muss wissen,

- was Stress ist (siehe Seite 17),
- was er mit uns macht (siehe Seite 25),
- was uns stresst (siehe Seite 51),
- was wir selbst damit zu tun haben (siehe Seite 69),
- welche Rolle unsere Persönlichkeit dabei spielt (siehe Seite 81) und
- wie wir mit Stress umgehen können (siehe Seite 97).

Denn darauf bauen die Strategien gegen den Stress auf, die wir Ihnen im zweiten Teil des Buches in den Kapiteln „Stress lass nach!" (siehe Seite 111), „Probleme in Angriff nehmen" (siehe Seite 133) und „Das Anti-Stress-Konzept" (siehe Seite 157) an die Hand geben. Dort erfahren Sie, wie Ihre Stressbewältigung ganz konkret aussehen kann.

Die Strategien, die wir Ihnen in diesen Kapiteln vorstellen, haben sich für viele Menschen im Stress als sinnvoll und effektiv erwiesen. Verwenden Sie sie als Werkzeugkasten, in dem Sie die Utensilien finden können, die Ihnen für Ihre Situation und Ihren Stress brauchbar erscheinen. Wenn es Ihnen dann auch gelingt, Ihre Stärken und Ressourcen (Kraftquellen) wiederzuentdecken und für sich zu nutzen, wozu wir Sie im letzten Kapitel auffordern, haben Sie Ihr ganz persönliches Anti-Stress-Konzept entwickelt. Dafür haben Sie doch dieses Buch gekauft!

Eine Anmerkung zum Schluss

Sie finden in diesem Buch eine ganze Reihe von Checks und Fragebögen. Manche ergeben sich aus dem Text, wie zum Beispiel die Selbstbefragung in diesem Kapitel. Andere haben wir aus wissenschaftlich fundierten Tests entnommen. Wieder andere sind die Originalfassungen medizinischer und psychologischer Fragebögen, die im Hinblick auf ihre Anwendbarkeit hohen wissenschaftlichen Anforderungen genügen mussten. Eine davon ist, dass sie jeweils auf ganz bestimmte Personengruppen und Situationen zugeschnitten und dafür überprüft wurden.

Wundern Sie sich deshalb nicht, wenn wir hier keine Auswertung dieser Fragebögen vornehmen, wie Sie sie etwa aus Zeitschriften kennen. Eine solche Auswertung hätte nur dann Gültigkeit, wenn die Bedingungen, für die ein entsprechender Check entworfen wurde, eingehalten werden könnten. Das ist natürlich in unserem Fall nicht möglich.

Warum dann trotzdem diese Fragebögen? Ihr Sinn ist es, Ihnen Denkanstöße zu geben und Anregungen zur Selbsterforschung. Beim Lesen, Bedenken und Beantworten der vielen Fragen erfahren Sie ganz viel über sich – und gehen damit einen ganz wichtigen Schritt in Richtung Ihres individuellen Anti-Stress-Konzepts.

STRESS –
WAS IST DAS?

Keine Angst! Wir wollen Sie nicht mit den unterschiedlichen Stresstheorien nerven! Die Grundlagen der heute gebräuchlichen Verwendung des Begriffs stellen wir Ihnen aber in aller Kürze vor. Sie wollen ja wissen, um was es geht, wenn Sie, wir, die Medien und Stressforscher von Stress sprechen. Das Überraschende: Stress ist erst einmal etwas Gutes. Problematisch ist nur zu viel des Guten.

Das erste Stresskonzept

Im ersten Kapitel wurden Sie aufgefordert, Ihren ganz persönlichen Stress aufzuschreiben, also das, was Sie – mehr als Ihnen lieb ist – beansprucht, belastet, „stresst". Aber: Genau genommen haben Sie damit nicht Ihren Stress aufgeschrieben. Was heißt: „Ich bin im Stress"?

Wie der Begriff Stress entstand

Bekannt wurden der Begriff (und das Phänomen) Stress durch die Arbeit des österreichisch-kanadischen Chemikers und Mediziners Hans Selye (sprich Selje). Durch seine Forschung und vor allem durch die Vielzahl seiner Veröffentlichungen in der Mitte des letzten Jahrhunderts verhalf er dem Konzept unter dem Begriff „Stress" in der Nachkriegszeit zu seiner heutigen Popularität. Aus seinen Beobachtungen und Experimenten mit Labortieren schloss er, dass Mensch und Tier ein generelles biologisches – biochemisches – Reaktionsmuster auf Krankheit und Verletzung welcher Art auch immer eigen ist. Dieses unspezifische Reaktionsmuster bezeichnete er als Stress (englisch: Spannung, Druck), ein Begriff, den er aus der Physik, genauer der Mechanik entlehnte.

In der heutigen Bedeutung ist der Begriff Stress also noch gar nicht so alt. Doch kaum geboren, dauerte es nur wenige Jahre, bis das englische Wort „stress" meist unverändert als lo stress, le stress, el estrés, der Stress ... Eingang in viele andere Sprachen fand. Und heute ist es nicht nur aus unserem deutschen Wortschatz nicht mehr wegzudenken.

Fight or Flight – Kampf oder Flucht?

Gehen wir noch einen Schritt zurück – zum eigentlichen Vater der Stressforschung. Kurz vor Selyes erstem Aufsatz hatte der Amerikaner Walter Bradford Cannon etwas Ähnliches wie dieser beobachtet: eine typische Reaktion des Körpers auf eine Bedrohung. Sie beginnt mit der Ausschüttung von Hormonen. Herz und Kreislauf arbeiten auf Hochtouren. Die Bronchien erweitern sich und die Atmung wird schneller. Der Blutdruck steigt an. Die Durchblutung von Haut und Verdauungsorganen zugunsten von Muskeln und Gehirn wird gedrosselt, damit vor allem die Organe mit Blut versorgt werden, die für die Bewältigung der stressauslösenden Situation entscheidend sind. Die Muskulatur spannt sich, ihre Reflexgeschwindigkeit ist erhöht.

Diese blitzartige Mobilmachung aller Körperreserven ist ein uraltes Erbe und nahm ihren Ausgang in der Geschichte der ersten Wirbeltiere vor mehr als 500 Millionen Jahren. Denn schon deren Gehirne, wie rudimentär auch immer entwickelt, reagierten auf wahrgenommene Bedrohung mit Ausschüttung von Signalstoffen. Durch solche Signalstoffe wurde und wird bis heute die Produktion bestimmter Hormone ausgelöst: Der Körper macht sich bereit, auf die Gefahr zu reagieren, das heißt entweder wegzurennen oder sich zu verteidigen.

Für das, was Cannon die Notfallreaktion oder auch Fight-or-Flight-(Kampf-oder-Flucht-)Reaktion nannte, verwendete Selye den Begriff Stress. Auch er hatte damit wie Cannon ein biologisches „Programm" im Blick, das spontan im Gefahrenfall abläuft. Und dieses war ein Wettbewerbsvorteil in der Evolutionsgeschichte. Die Organismen, die zu Stress in der Lage waren, konnten wesentlich effektiver auf Umweltanforderungen reagieren als weniger flexible – starre – Systeme. Oder – um den Sprung in die Menschheitsgeschichte zu wagen: Der Urmensch, der beim ersten Knacken im Gebüsch in höchster Alarmbereitschaft war, um sich gegebenenfalls vor dem berühmten angriffslustigen

Säbelzahntiger mit einem Sprung auf den Baum retten zu können, überlebte mit wesentlich höherer Wahrscheinlichkeit als sein Nebenmann, der durch unerwartete Geräusche nicht in Stress geriet, sondern weiter in aller Ruhe durch den Wald trottete.

 ## Ruhestörung

Sowohl Cannon als auch Selye erkannten bald, dass die Stressreaktion, die sie beobachten konnten, nicht nur im Fall einer Gefahr für Leib und Leben einsetzt. Von Cannon stammt die Erkenntnis, dass der Organismus mit Stress reagiert, wenn er sein inneres Gleichgewicht bedroht sieht. Die Stressreaktion dient dann der Aufrechterhaltung der körperinneren Stabilität gegenüber Umgebungseinflüssen. Sie ist also ein Anpassungsmechanismus, der in Gang kommt, wenn eine Veränderung ansteht. Auch Selye betonte später: Nicht nur bedrohliche Reize im eigentlichen Sinn des Wortes können Stress auslösen. Nein, mit Stress reagiert der Körper auf jede außergewöhnliche Anforderung. Der biologische Stressmechanismus setzt dann ein, wenn eine Anpassung an eine neue Situation erforderlich ist. Die körperlichen Veränderungen helfen, diese Anforderung zu bewältigen.

Der Stress geht weiter

Bleiben wir noch einen Moment bei den Pionieren der Stressforschung: Stress – oder besser die Stressreaktion – beginnt als (Alarm- oder Notfall-)Reaktion des Körpers. Alle zur Verfügung stehenden Ressourcen werden mobilisiert, um die bedrohliche Situation entweder durch Kampf oder Flucht zu überstehen.

Vom ersten Alarm zur Anpassung

Wie wurde dann Stress im heutigen Sprachgebrauch wieder zur „Gefahr", zur „Überforderung"? Selye und Cannon hatten die Stressreaktion doch als eine wichtige Errungenschaft in der langen Geschichte der Evolution beschrieben, die uns vor Gefahren schützt!

Jeder von uns weiß, was passiert, wenn die Herausforderung länger andauert und die „Anpassung an die Herausforderung" nicht sofort gelingt. Nicht immer handelt es sich ja bei den Anforderungen des täglichen Lebens um eine akute Gefahrensituation wie den Säbelzahntiger im Beispiel aus unserer Vorgeschichte oder den Lastwagen, der uns die Vorfahrt nimmt und dem wir gerade noch ausweichen können.

Für die meisten Anforderungen, denen wir uns gegenübersehen, reicht eine kurzfristige Mobilmachung unsres Körpers nicht aus, um sie zu bewältigen oder ihr gerecht zu werden. Zwar haben wir es geschafft, nicht von dem Lastwagen gerammt zu werden. Aber wir müssen ja weiter am Verkehrsgeschehen teilnehmen können, das Auto vor uns bremst, die Ampel springt um, ist „dunkel-gelb", hinter uns hupt einer, der es anscheinend noch eiliger hat als wir, und im Radio melden sie schon wieder Stau...

Das biologische Stressprogramm läuft weiter. Unser Körper hat eine Abfolge von Reaktionen zur Verfügung, um auch auf längere Dauer anstrengungsbereit zu sein. Nachdem in der ersten „Alarmphase" durch die Bereitstellungsreaktion die Kräfte mobilisiert worden waren, beginnt er umzuschalten.

So kommt es nach einigen Minuten zur Gegenregulierung, um die Alarmreaktionen abzuschwächen. In diesem Stadium stellt sich der Organismus auf eine längere Belastungsphase ein und versucht nun, sich anzupassen, das heißt, der Anforderung gerecht zu werden.

Wie es weitergeht, hängt von der Dauer der Belastung ab und von den Reserven des Körpers, die diesen Spannungszustand ermöglichen.

Von der Anpassung zur Erschöpfung?

Ist die Belastung zu groß und/oder dauert zu lange ohne Möglichkeiten der Erholung, sind die mobilisierbaren Reserven irgendwann aufgebraucht. Es kommt zum „Erschöpfungsstadium". Die Widerstandskraft lässt nach, die Möglichkeiten unseres Körpers zur Anpassung gehen verloren, was im schlimmsten Fall mit einem Zusammenbruch des Organismus enden kann.

Dieses biologische Programm und die damit zusammenhängenden Symptome hat Selye als „allgemeines Anpassungssyndrom" bezeichnet. Und er hat ein ganz praktisches Beispiel dafür gegeben: das „Rennen" (heute würde man Joggen sagen). Rennen bedeutet eine Stress-situation für unseren Körper, vor allem für unsere Muskeln, unser Herz und unseren Kreislauf. Um damit klarzukommen, müssen wir uns erst einmal in Schwung bringen. Dann – wir spüren es selbst – haben wir uns, haben sich Herz, Atmung und Kreislauf warmgelaufen. Es läuft richtig gut! Aber irgendwann reicht es, wir kommen außer Atem, der Puls rast. Wir sind erschöpft.

Anpassung und Erholung

Wenn „Stress" heute eher mit Belastung und Gefährdung in Verbindung gebracht wird, hängt dies mit der Möglichkeit der Erschöpfung zusammen, wie sie Selye als dritte Stressphase beschrieben hat. Aber: Nicht immer läuft das ganze Programm ab.

Zwar gibt es drei Stressphasen:

1. die Alarmphase,
2. die Widerstandsphase und
3. die Phase der Erschöpfung,

doch in den wenigsten Fällen kommt es zur dritten.

Normalerweise durchlaufen wir die ersten zwei Phasen – und dies immer und immer wieder, denn sonst könnten wir nicht leben. Das heißt: Die meisten Anforderungen, die an uns gestellt sind, mögen uns vielleicht erst einmal „alarmieren" und uns dann einiges an Anstrengung abverlangen. Die aber hilft uns, mit dieser Anforderung zurechtzukommen, die an uns gestellte Aufgabe zu lösen und die Anpassung zu schaffen. Und wenn wir tatsächlich einmal bis zur Erschöpfung im Stress sind, so gibt es glücklicherweise die Möglichkeit der Erholung. Um in Selyes Beispiel des Rennens zu bleiben: Am Ziel angekommen, sind wir wahrscheinlich erst einmal völlig außer Puste und fix und fertig. Aber nach einer Pause sind wir wieder fit und stolz, dass wir es bis ins Ziel geschafft haben, und freuen uns auf die nächste sportliche Herausforderung!

Und das gilt nicht nur im Sport: Stressreaktionen dienen der Anpassung an die Anforderungen, die das Leben so stellt. Sie ermöglichen damit ihre (bessere) Bewältigung. Nicht umsonst nannte es Selye „Anpassungssyndrom" (adaption syndrom) und nicht Erschöpfungssyndrom (exhaustion syndrom).

Stress und Stressoren

Heute kann das Wort Stress – umgangssprachlich und in der Stressforschung! – beides bedeuten: die Anforderung, der wir uns gegenübersehen, und unsere Reaktion darauf.

Schon Selye musste sich mit diesem begrifflichen Durcheinander auseinandersetzen. Um Missverständnisse zu vermeiden, führte er deshalb
später einen neuen Begriff ein, um klarzumachen: Stress ist die Reaktion auf eine Belastung und nicht die Belastung selbst. Er nannte die Beanspruchung Stressor, den „Stresser", also das, was stresst.

Also: Wenn wir heute von Stress sprechen, meinen wir meistens die
vielen Stressoren, denen wir ausgesetzt sind. Diese werden genau genommen erst zu Stressoren, weil sie Stress auslösen, uns beanspruchen, also eine Anstrengung verlangen.

Guter Stress – schlechter Stress

Meistens denken wir an nichts Gutes, wenn wir von unserem Stress
sprechen. Wir meinen dann den Stress, der „erschöpft", weil er die
Kräfte aufzehrt und dennoch nicht zum Ziel der Anpassung führt. Diesen
hat Selye später „Distress" genannt, was im Englischen so viel wie Leid,
Bedrängnis, Not und Elend bedeutet. Für den positiven, anregenden
Stress, der mobilisiert und, bevor Erschöpfung eintritt, dafür sorgt, dass
die Anpassung gelingt, schuf er in einer Zusammensetzung mit der grie-
chischen Vorsilbe eu = gut ein neues Wort, den „Eustress" für den „guten Stress". Was die beiden unterscheidet, ist also nicht die Herausforderung, der Stressor, sondern unsere Reaktion darauf: Steht am Ende
Erschöpfung oder nicht? – das ist hier die Frage.

Sich das immer wieder klarzumachen, ist keine pedantische Wortklau-
berei. Sie werden sehen, dass diese Unterscheidung wichtig ist, wenn
Sie mit Stress gut leben möchten. Darauf werden wir in den folgenden
Kapiteln noch eingehen.

INFO „Gut" und „schlecht" in aller Kürze

Guter Stress:

- ist aufregend/spannend
- motiviert und bündelt unsere Energie
- verbessert unsere Leistungsfähigkeit
- hält nur kurze Zeit an

Schlechter Stress:

- ist aufregend/ängstigend
- demotiviert und verschwendet Energie
- verschlechtert unsere Leistungsfähigkeit. Und vor allem:

Schlechter Stress:

- ist zu intensiv
- dauert zu lange an
- führt zu Erschöpfung und kann deshalb zu psychischen und physischen Problemen führen

MEIN KÖRPER IM STRESS

Die Stressreaktion ist ein Schutzmechanismus. Sie läuft automatisch ab, wenn Gefahr in Verzug ist. Auslöser sind äußere Bedrohungen und Belastungen, aber auch innere wie negative Gefühlszustände oder starke Schmerzen. Wenn wir in Stress geraten, ist unser ganzer Körper beteiligt. Die Kommandozentrale aber sitzt in unserem Gehirn.

Kommandozentrale Gehirn

Wir brauchen die Stressreaktion, um reagieren zu können, wenn wir in Gefahr sind. Aktiv werden dabei entwicklungsgeschichtlich sehr alte Hirnareale. Sie regeln wesentliche Körperfunktionen wie Herzschlag, Atmung, Energiebereitstellung, Körpertemperatur, Appetit, Verdauung und vieles mehr, was ganz ohne unsere bewusste Steuerung erfolgt. Weiterhin sind es Hirnareale, die mit der Verarbeitung von emotionalen Eindrücken beschäftigt sind, und solche, die für Gedächtnisfunktionen zuständig sind. Weil es bei Gefahr auf Geschwindigkeit ankommt, ist es notwendig, dass diese Areale in einer festen Vertaktung nacheinander aktiviert werden. Dieses Nacheinander wird in der Medizin ganz bildlich als Kaskade (franz. cascade: Wasserfall) beschrieben, also als Wasserfall, bei dem das Wasser von einer Stufe zur nächsten in die Tiefe fällt.

Die Kaskade der Stressreaktion

Die Stressreaktion ist eine Antwort auf „Stressreize". Diese können uns nur „reizen", wenn wir sie wahrnehmen. Dies geschieht durch unsere Sinnesorgane. Sie liefern unserem Gehirn alle Informationen.

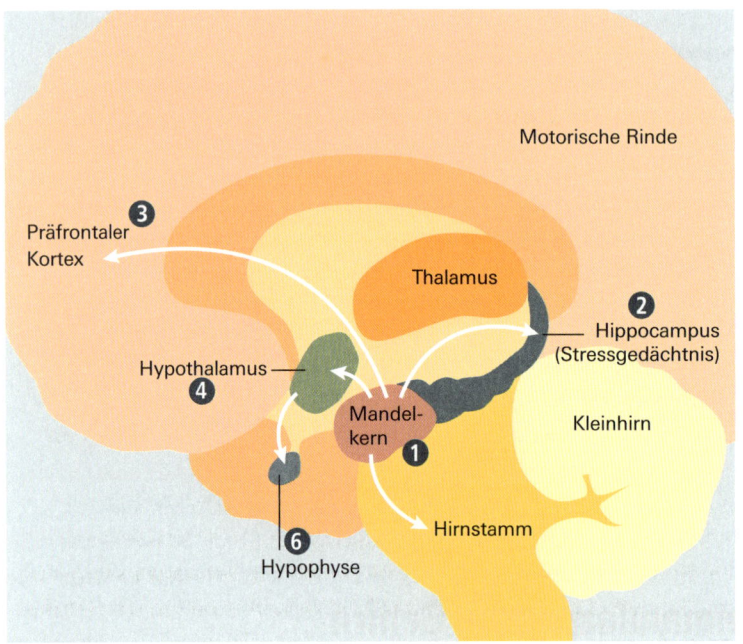

Das Stressgehirn
Der Mandelkern steuert mit verschiedenen Schaltkreisen
unsere Emotionen und körperlichen Begleitreaktionen.

Eine wichtige Anlaufstelle im Gehirn für Informationen aller Art ist die
Amygdala, deutsch: der Mandelkern ❶ (er heißt so, weil er das Aussehen einer Mandel hat). Der Mandelkern ist eine Ansammlung von dicht
gepackten Nervenzellen auf kleinstem Raum mit genau definierten
Steuerungsaufgaben. Hier wird in Millisekunden entschieden, ob ein
Reiz, den die Sinnesorgane registriert haben, für den Organismus gefährlich sein kann. Genauer: Durch den Mandelkern nimmt unser Gehirn
im Abgleich mit Gedächtnismustern die emotionale Bewertung der Sin-
neswahrnehmungen vor. Hierbei spielt der Hippocampus ❷ eine wichtige Rolle, eine Hirnregion, die für unsere Gedächtnisfunktionen von gro-
ßer Bedeutung ist. Er gleicht die neuen Eindrücke mit Erinnerungen ab
und unterscheidet in kürzester Zeit zwischen angenehmen und unange-

nehmen Wahrnehmungen, die möglicherweise Gefahr signalisieren. Denn in vielen Jahren – beginnend schon im Mutterleib – haben wir durch unsere Erfahrungen ein Stressgedächtnis entwickelt: Dieses Stressgedächtnis vergleicht früher gemachte Erfahrungen mit dem aktuellen Sinneseindruck und bewertet diesen anhand dieses Abgleichs.

Unser Gehirn prägt sich besonders gut unangenehme Gefühlszustände wie Angst, Ohnmacht, Hilflosigkeit und seelischen und körperlichen Schmerz ein. Bei ausreichender Ähnlichkeit mit einer derartigen früher gemachten Erfahrung schaltet das Gehirn auf „Gefahr"!

Doch das ist nicht alles: Der Mandelkern ist eine wesentliche Schaltstelle im Gehirn. Die emotional bewerteten Informationen der Sinnesorgane werden von hier „nach oben" in die Vorderhirnrinde des präfrontalen Kortex ❸ weitergeleitet zur kognitiven (also der bewussten gedanklichen) Bewertung.

Vom Mandelkern laufen aber auch direkt – ohne Umweg über die Areale, in denen die bewusste Bewertung stattfindet – Nervenfasern in den Hypothalamus, ein entwicklungsgeschichtlich sehr altes Kerngebiet im Zwischenhirn. Der Hypothalamus ❹ ist gewissermaßen die Betriebssteuerung unseres Körpers, die unser autonomes (vegetatives) Nervensystem und die Hormonausschüttung im Körper reguliert und sich auf ständig wechselnde Regelgrößen einstellt – zum Beispiel bei Gefahrenmeldung aus dem Mandelkern.

Unsere biochemischen Schalter

Bei einer Gefahrenmeldung laufen eine ganze Reihe von biochemischen Reaktionen ab – ganz automatisch ohne unser (willentliches) Zutun. **Erster Schritt:** Wenn über unsere Wahrnehmungsorgane der Mandelkern anspringt, sendet dieser Signale an den Hypothalamus. Genauer: Im Mandelkern wird Glutamat ausgeschüttet, ein stark erregender Botenstoff und, wie die Hormone auch, ein chemischer Schalter, der die Stressreaktion anwirft. Gleichzeitig werden weitere Hirnareale aktiviert, die im Zusammenspiel unser autonomes Nervensystem repräsentieren. **Zweiter Schritt:** Beim Signal „Gefahr" – dies die „Botschaft" des Mandelkerns – leitet der Hypothalamus die Stressreaktion mit der Freisetzung des sogenannten Corticotropin-Releasing-Hormons (CRH) ein. Dieser chemische Schalter wirft die ❻ Hypophyse an, eine hormonproduzierende Drüse im Schädelinneren.

Das parasympathische Nervensystem reguliert alles in Richtung Ruhe, Entspannung und Erholung, während das sympathische Nervensystem die entgegengesetzte Rolle spielt: Es stellt alles auf Flucht- und Kampfbereitschaft ein, erhöht unsere Wachsamkeit und Reaktionsbereitschaft.

Der hier entscheidende Botenstoff ist das Noradrenalin. Unter Stressbelastung ist die Ausschüttung von Noradrenalin erhöht. Gleichzeitig wird im Nebennierenmark das Stresshormon Adrenalin ausgeschüttet. Wie das Stresshormon Kortisol sorgt es dafür, dass vor allem die notwendige Energie in Form von Glukose bereitsteht. Und nicht nur das: Zusätzlich ist das beruhigende Steuerungssystem, der Parasympathikus, herunterreguliert. Damit hat sich die natürliche Balance zwischen stimulierenden und beruhigenden Botenstoffen zugunsten der stimulierenden Stoffe verschoben.

Zu ihrem Ende kommt die Stressreaktion dadurch, dass von Mandelkern und Hypothalamus keine erregenden Impulse mehr ausgehen, weil die Situation als abgeschlossen und nicht mehr gefahrvoll bewertet wird, da entsprechende Sinneseindrücke ausbleiben. In dieser Phase beginnt der Parasympathikus zu überwiegen.

Und die Erholung?

Erholung ist derjenige Prozess, der den Auswirkungen der Stressreaktion entgegenwirkt. Unser Organismus ist darauf eingerichtet. Seine selbstregulativen Kräfte haben das Ziel, möglichst bald wieder in den Zustand eines „Gleichstands" zwischen Sympathikus und Parasympathikus zu kommen. Das heißt: Nach jeder Aktivierung folgt erholende Deaktivierung.

Werden die Belastungen zu groß oder halten diese zu lange an, reagiert unser Organismus in weiser Selbstregulation mit Erschöpfung und aktiviert Funktionen des autonomen Nervensystems, welche Erholungsprozesse in Gang setzen: Das Schlafbedürfnis steigt an, die Schlafdauer verlängert sich, die Anspannung lässt nach, das allgemeine Aktivitätsniveau wird heruntergefahren. Blutdruck und Herzfrequenz nehmen ab.

Es gibt Hinweise darauf, dass vor allem der Botenstoff Serotonin bei diesen Erholungs- und Regenerationsvorgängen eine wichtige Rolle spielt.

Und was passiert bei Dauerstress?

Eigentlich sind wir auf diese Weise auf belastende und ängstigende Eindrücke sehr gut eingerichtet. Wie aber reagiert unser Körper bei Dauerstress? Wie Sie gesehen haben, lösen ja nicht nur kurzzeitige Schreckreaktionen oder ängstigende Erlebnisse Stress aus. Auch widrige Lebenssituationen oder eine Häufung von vermeintlichen unangenehmen Kleinigkeiten, aber auch psychische Dauerbelastung oder schwere körperliche Erkrankungen wirken sich wie eine anhaltende Stressbelastung aus.

Unser auf schnelle Antwort programmiertes Stressreaktionssystem verändert sich dabei. Während wir beispielsweise in der akuten Stressreaktion einen Blutdruckanstieg geradezu brauchen, um die Reaktionsfähigkeit, etwa der Muskulatur, zu erhöhen, sollte sich in der Erholungsphase der Blutdruck wieder im Normbereich von selbst einregulieren. Erschöpfung und Erholung sind zunächst völlig normale Zustände eines Organismus, jeder kennt dieses Wechselspiel. Bei hoher Dauerbelastung dagegen wird diese Gegenregulationsmöglichkeit gestört und kann schlussendlich ganz verloren gehen.

In diesem Stadium der andauernden Stressreaktion können dann auch eine Vielzahl von körperlichen Beschwerden auftreten. Diese reichen von Blutdrucksteigerung, Schlaflosigkeit bis hin zu Entzündungen, Anfälligkeit für Infektionskrankheiten, Herzrhythmusstörungen und anderen. Auf diese möglichen Folgen gehen wir im nächsten Kapitel ein.

WENN STRESS KRANK MACHT

Burnout, Depressionen, Herz-Kreislauf-Beschwerden – Stress wird mit zahlreichen Krankheiten in Verbindung gebracht. Klar ist: Wenn Stress zu intensiv ist oder zu lange andauert, kann dies nicht ohne körperliche und seelische Folgen bleiben, die zum gesundheitlichen Risiko werden können. Ob er dann tatsächlich krank macht, hängt jedoch von vielen Faktoren ab.

Hohe Dauerbelastung und mögliche gesundheitliche Folgen

Wir haben es gesehen: Eigentlich sind wir sehr gut auf (akuten) Stress eingestellt. Doch nach jeder hohen Stressbelastung müssen wir die Möglichkeit zur Erholung haben. Ist dies nicht der Fall, kann Stress zum Risiko für unsere Gesundheit werden.

Zwar gibt es Erkrankungen als Folge einzelner überwältigender Stresserfahrungen, die sogenannten Posttraumatischen Belastungsstörungen (siehe Seite 52). Aber bei den meisten Krankheiten, die mit „Stress" in Verbindung gebracht werden, ist es nicht so sehr die „Schwere" einer einzelnen Belastung, die über den Ausgang – also eine mögliche Erkrankung – entscheidet, sondern die Dauer der Stressbelastung. Dabei entsteht Dauerstress nicht nur durch anhaltende Extrembelastungen: Auch die ärgerlichen täglichen Kleinigkeiten können, wenn sie zu viel werden, in der Summe in eine chronische Dauerstress-Belastung führen (siehe Seite 56).

INFO   Vorsicht!

Im Folgenden finden Sie einige der Erkrankungen dargestellt, die immer wieder im Zusammenhang mit Stressbelastungen genannt werden. Was Sie aber wissen müssen: Nicht immer sind diese „Stresskrankheiten" „stressbedingt". Es gibt für jede von ihnen vielfältige und manchmal auch ganz andere Ursachen. Man kann niemals von einer Krankheit auf einen vorhandenen Dauerstress als deren Ursache schließen, um sich dann mit dieser Erklärung zufriedenzugeben.

Außerdem: Auch dann, wenn Stress tatsächlich als eine mögliche Ursache dingfest gemacht werden kann, müssen Ärzte nach weiteren Ursachen forschen. Tun sie das nicht, wäre das ein ein ärztlicher Kunstfehler, da damit die Chance auf weitere Behandlungsmöglichkeiten vertan wird.

Der Verlust eines nahen Angehörigen etwa stellt bei fast allen Menschen eine erhebliche Stressbelastung dar. Sind aber alle anderen Lebensbedingungen günstig, ist also die Partnerschaft intakt, der Beruf und das soziale Netz ausgewogen und wenig belastend, können wir einen solchen Verlust nach der üblichen Trauerzeit gut kompensieren. Gibt es allerdings in den genannten Bereichen nur Baustellen und Konfliktfelder, sieht es schon anders aus. Dann können die vielen kleinen Stressauslöser das Fass zum Überlaufen bringen. Die Belastung wird überschwellig. Eine Stressbewältigung ist nicht mehr möglich.

Was passiert bei solchem Dauerstress? Vereinfacht ausgedrückt: Die Kortisol- und (Nor-)Adrenalinproduktion stoppt nicht, sondern findet kontinuierlich weiter statt. Darauf ist aber unser Körper nicht eingestellt. Er braucht den stetigen Wechsel von Anspannung und Erholung.

Die durch Dauerstress verursachten körperlichen und psychischen Störungen reichen von anhaltendem Erschöpfungsgefühl über erhöhten Blutdruck, Herz-Kreislauf-Erkrankungen, erhöhte Infektanfälligkeit bis hin zu psychischen Störungen wie Depression und Angst.

Stress und Erschöpfung: Burnout

Burnout: Jeder scheint zu wissen, worum es geht. Denn wer hat sich noch nie ausgebrannt, erschöpft, müde und spannungslos – eben völlig und im Übermaß gestresst – gefühlt? Für solche Zustände, vor allem wenn sie in Zusammenhang mit unserem Arbeitsleben stehen, ist Burnout zu einer griffigen Formel für alle Stressfolgen geworden – und zumindest in den Medien zur neuen Volkskrankheit.

Aber was ist Burnout eigentlich? Bis heute gibt es keine befriedigende Definition. Was in den Medien als eindeutige neue Diagnose erscheint, ist in der Medizin immer noch Gegenstand intensiver Diskussion. Das Leiden, das in der Öffentlichkeit in den letzten Jahren zur Volkskrankheit stilisiert wurde, hat es bis heute nicht als eigenständige Krankheit in die Internationale Klassifikation der Diagnosen aller erfassten Erkrankungen (kurz des ICD 10) der Weltgesundheitsorganisation (WHO) geschafft (siehe Kasten). Zu uneinheitlich sind die einzelnen Beschreibungen, die man in der wissenschaftlichen Literatur findet. Das heißt: Es gibt für „Burnout" eine Vielzahl von Symptomlisten, die teilweise bis weit über 100 Einzelsymptome nennen. Manche davon sind „objektiv" messbar, manche von Angehörigen, Freunden, Kollegen beobachtbar, manche dagegen sind Ergebnis einer Selbsteinschätzung und beruhen somit auf

INFO   **Ein Leiden ohne Ziffer?**

Burnout wird im ICD 10, dem verbindlichen Einteilungssystem der WHO, mit dem Diagnoseschlüssel Z73.0 als „Ausgebranntsein" und „Zustand der totalen Erschöpfung" genannt und gehört damit zum (übergeordneten) Abschnitt Z73, der die verschiedensten „Probleme mit Bezug auf Schwierigkeiten bei der Lebensbewältigung" zusammenfasst. Wer davon betroffen ist, erhält also nicht die Diagnose einer behandlungsbedürftigen Krankheit, sondern allenfalls eine Rahmen- oder Zusatzdiagnose. Das heißt: Die Behandlung eines solchen Zustandes ist im Leistungsspektrum der Krankenkassen nicht vorgesehen. Viele Ärzte wählen deshalb eine andere Diagnose zum Beispiel: Depression oder Anpassungsstörung. (Zu diesem Problem siehe Seite 40.)

der eigenen subjektiven Wahrnehmung. Das alles macht eine klare Definition und Diagnostik natürlich schwierig.

Einigkeit besteht aber darüber, dass es sich bei Burnout um einen vor allem auf den Arbeitsplatz bezogenen psychischen Zustand handelt, bei dem anfangs vor allem Müdigkeit und Erschöpfung im Vordergrund stehen, nach und nach aber andere Symptome dazukommen, die dann immer mehr denen einer Depression ähneln. Am Ende einer Burnout-Entwicklung steht dann oft auch eine klinische Depression. Betroffen sind vor allem hoch motivierte und hoch engagierte Menschen, oftmals mit innovativen Ideen, die im Betriebs- oder Unternehmensalltag mit all diesen Vorstellungen keine Resonanz finden, nicht entsprechend gratifiziert werden (siehe Seite 65) und schließlich das Gefühl entwickeln, beständig gegen eine Wand zu laufen.

Die Geschichte einer Krankheit

Zum ersten Mal wurde der Begriff Burnout von dem Psychoanalytiker Herbert J. Freudenberger im Jahr 1974 verwendet für einen „Energieverschleiß, eine Erschöpfung aufgrund von Überforderungen, die von innen oder außen – durch Familie, Arbeit, Freunde, Liebhaber, Wertsysteme oder die Gesellschaft – kommen kann." Dies ist die weiteste Definition. Eingeengt wurde die Bedeutung von Freudenberger dann selbst auf spezifische Probleme von in Sozialberufen arbeitenden Menschen, die sich in ihrer Arbeit verausgaben und doch keinen Dank, keine Anerkennung und oft auch keinen sichtbaren Erfolg erleben. Diese Bezogenheit auf die berufliche Verausgabung ist heute immer noch ein wesentlicher Bestandteil jeder Burnout-Definition, wobei inzwischen aber nicht nur Sozialberufe als typische „Burnout"-Berufe gelten.

Neben Freudenberger sind es vor allem zwei amerikanische Gesundheitspsychologinnen, Christine Maslach und Susan Jackson, die das gegenwärtige Verständnis prägen. Sie haben auch den am häufigsten verwendeten Burnout-Test entwickelt, das Maslach Burnout Inventory (MBI). Ein Burnout wird hier durch drei Bereiche definiert:

- die emotionale Erschöpfung (ausgelaugt, ausgebrannt)
- die Depersonalisation (abgestumpft, negativ, zynisch)
- Leistungseinbußen (ineffektives Arbeiten, Selbstwertverlust, der zum Rückzug und Aufgeben führt)

Burnout: Es wird immer schlimmer

Wer von sich sagt, er leide unter Burnout, nennt meist eine ganze Reihe von Beschwerden. Als „Leitsymptom" wird aber immer das Gefühl genannt, nicht mehr zu können, leer und am Ende mit seinen emotionalen Kräften zu sein. Dazu kommen eine ganze Reihe weiterer Beschwerden. Man spricht deshalb auch von einem Burnout-„Syndrom", das heißt einer ganzen Ansammlung von Symptomen, die zusammengenommen erst den gesamten Erschöpfungszustand ausmachen.

Alle von Experten genannten Symptome hier aufzuzählen ist nicht möglich. Es sind schlicht zu viele. Lassen Sie uns die wichtigsten nennen, und zwar in chronologischer Reihenfolge. Denn ein zeitlicher – phasenhafter – Ablauf gilt als typisch für das Burnout-Syndrom.

Phase 1: Am Anfang steht oft ein großes Engagement, manchmal gesteigert zu übertriebenem Ehrgeiz oder „workaholism", was zu andau-

---

INFO   **Burnout und Freizeitstress**

Manche von uns muten sich in der Freizeit enorme Belastungen zu und nutzen Zeitspannen, die der Erholung dienen sollten, für zum Teil extrem erschöpfende Aktivitäten. Ein Extrembeispiel sind Freizeitsportler, die sich etwa ausgesprochen zeitintensiv auf einen Triathlonwettkampf vorbereiten. Freizeitstress machen sich aber auch weniger Ambitionierte: Für immer mehr Menschen wird mit der Zielvorgabe, immer „fit" zu sein, der als Ausgleich gedachte Sport zum Lebensinhalt.

Auch andere Freizeitaktivitäten können „bis zum Exzess" ausgeübt werden. Sobald Hobbys zum Stress werden, besteht die Gefahr, dass die beruflichen Anforderungen zu Überforderungen werden, weil Freizeit und Beruf nicht mehr in einen 24-Stunden-Tag hineinpassen. Aber auch die ganz normale Kurzreise, der Städtetrip mit intensivem Besichtigungsprogramm über das verlängerte Wochenende oder ein (leider ineffektives) Wellness-Wochenende, das eine lange Anfahrt nötig macht und für das die Zeit mühsam freigeschaufelt werden musste, können zur Stressbelastung werden und von der notwendigen Erholung abhalten.

ernder Stressbelastung und vielleicht zu ersten Erschöpfungsanzeichen führt. Betroffene steigern ihre Anstrengung, beginnen sich zu „überarbeiten". Eigene Bedürfnisse nehmen sie nicht mehr wahr. Der Beruf steht ganz im Vordergrund. Häufig müssen sie bis in die Nacht arbeiten, um alles zu schaffen. Stressbedingte Schlafstörungen können dazukommen, was die Müdigkeit und Erschöpfung verstärkt.

Phase 2: Erfahren Betroffene dann wenig Anerkennung oder erleben, dass all ihre Anstrengungen nicht zum erhofften Erfolg führen, beginnt der Idealismus zu schwinden. Die Enttäuschung wird verdrängt. Eine innere Distanz zur Arbeit – in sozialen Berufen zu Patienten, Schülern oder Klienten und Kunden – baut sich auf. Die tägliche Arbeit wird zur Belastung. Widerwillen und Überdruss nehmen zu.

Phase 3: Widerwillen und Überdruss weichen dem Gefühl der Leere, Hoffnungs- und Hilflosigkeit. Denken und Handeln werden unflexibel. Die Suche nach Schuldigen beginnt. Geben sich Betroffene selbst die Schuld an der unbefriedigenden Situation, entstehen Selbstzweifel und Versagensängste. Wird die Schuld bei anderen (der Arbeit, dem Chef, dem System) gefunden, setzen häufig Verbitterung und Resignation ein.

Dazu kommen sozialer Rückzug, Orientierungslosigkeit, zynisch entwertende Haltung gegenüber der Umgebung. Am Ende stehen dann innere Leere, Niedergeschlagenheit und Angst, Hoffnungslosigkeit, erlebte Sinnlosigkeit und eine anhaltende depressive Stimmung.

Der Weg in die Depression ist bei Menschen mit chronischer Erschöpfung vorgebahnt, wenn sie nicht Strategien entwickeln können, aus dem Teufelskreis herauszukommen.

INFO **Immer fit**

Hinter der Burnout-Diskussion steht auch ein gesellschaftlicher Anspruch: Wir alle identifizieren uns gern mit den immer aktiven und gutgelaunten Menschen unserer Werbewelt. Auch das gesellschaftliche Jugendideal trägt dazu bei, den Irrglauben an immer während „Power" zu befördern.

Wer „ausgepowert" ist, mag sich dies kaum eingestehen – auch aus Angst, beruflich und privat als Versager zu gelten und ausgemustert zu werden.

Erschöpfung und/oder Burnout ...

Vielleicht klingt es dem, der ausgebrannt, erschöpft, ohne Antrieb und Engagement und „völlig am Ende" ist, wie reine Wortspielerei. Kann es ihm nicht egal sein, wie sein „Ausgebrannt-Sein" genannt wird? Nein! Die meisten Psychiater warnen davor, Menschen, die „nicht mehr können", vorschnell mit einer Diagnose abzuspeisen, ohne genauer nachzuhaken. Die Gefahr einer Fehldiagnose und damit einer Überbewertung der Beschwerden auf der einen Seite oder ihrer Verharmlosung auf der anderen ist zu groß.

Die Diagnose Burnout (zur Schwierigkeit siehe Seite 35) setzt eine exakte Differentialdiagnose voraus, das heißt: es muss eine Abgrenzung

- auf der einen Seite zur normalen – gesunden – Erschöpfung und
- auf der anderen Seite zur Depression stattfinden.

Genauer: Geklärt werden muss, ob es sich nicht doch „nur" um eine normale Erschöpfung, also um den normalen seelisch-körperlichen Zustand als Folge einer Überbeanspruchung handelt. Dieser Zustand ist nicht krankhaft, sondern ein Signal unseres Körpers. Dieses Signal zu verstehen und (wieder) zu lernen, unser individuelles Leistungsvermögen und unser Ruhebedürfnis achtsam einzuschätzen, ist der erste Schritt in die richtige Richtung.

Für Erschöpfung hält unsere unsere Biologie ein Programm bereit, nämlich die Fähigkeit zur Erholung (siehe Seite 21). Um sich zu erholen, bedarf es keiner Behandlung, keiner „künstlichen" Auszeit, sondern des Gespürs für die eigene Belastbarkeit, die Akzeptanz, nicht immer „voll da" und „topfit" zu sein. Wir müssen uns die Fähigkeit der Erholung bewahren. Erst wenn wir unser eigenes biologisches Programm überspielen und Erholung nicht mehr möglich ist, kann Erschöpfung in einen chronischen Erschöpfungszustand übergehen, und dieser kann, wenn er lange anhält, krank machen.

... und/oder Depression

Viele Psychiater warnen davor, Menschen, die „ausgebrannt" sind, einfach zu mehr Erholung, zu einer Auszeit oder zu einer Veränderung des Arbeitsverhaltens oder einem Wechsel des Arbeitsplatzes zu raten. Denn wenn sich Menschen im Sinne eines Burnouts ausgebrannt fühlen, ist das leider oft ein Symptom einer Depression, deren Auslöser im beruflichen Stress liegen kann, aber häufig aus ganz anderen Lebenszusammenhängen stammt. In diesem Fall wird die Diagnose Burnout zu einer Ausweichdiagnose. Sie ist vielleicht für manchen leichter zu ertragen als die Diagnose Depression.

Dies kann aber gefährlich sein. Warum? Depressiven Menschen zu raten, einfach mal zu entspannen, mehr zu schlafen und endlich wieder Urlaub zu machen, ist im günstigsten Fall wirkungslos, häufig aber schädlich. Entspannung vorzuschlagen, wo dies nicht möglich ist, setzt unter Druck. Langer Schlaf, wenn er denn möglich ist und nicht nur einen „langen Rückzug ins Bett" bedeutet, kann die Symptome einer Depression verschlimmern, und eine „Auszeit" schafft Zeit für noch mehr Grübeln, Selbstvorwürfe und Versagensängste. Grundlegende Veränderungen im sozialen und beruflichen Umfeld einzuleiten, werden dem phasenhaften Ablauf einer depressiven Erkrankung nicht gerecht, der ja erwarten lässt, dass die Phase der „Überforderung" vorbeigeht und die Betroffenen über kurz oder lang wieder in ihr altes Leben zurückkehren können – und wollen!

Depression

Depression ist kein Burnout! Aber auch eine Depression kann die Folge von zu viel Stress sein – und zwar dann, wenn es uns oder besser unserem Körper nicht mehr gelingt, mit alarmierenden – Furcht, Schrecken, Angst erregenden – Ereignissen, den „Stressoren", umzugehen. Unsere gesunde Stressreaktion wird zum Problem, wenn sie „grundlos" und zu häufig anspringt oder zu lange andauert. In der Depression passiert genau das: Die Stressreaktion ist nicht mehr flexibel und situationsangepasst. Sie ist starr geworden. Die biologischen Systeme befinden sich gewissermaßen im Kriegszustand und sind auf Dauerfeuer eingestellt. Die Frage, die Stress- und Depressionsforscher sich stellen, ist: Macht die Depression den Stress oder entsteht die Depression aus dem Stress? Eine eindeutige Antwort gibt es (bis heute) nicht – beides ist möglich.

Was man aber weiß: Menschen, die an einer Depression erkranken, berichten sehr häufig von akuten oder schon länger andauernden Stressbelastungen. Dabei ist es unerheblich, um welche es sich handelt.

Häufig finden sich psychosoziale Stressfaktoren wie Trennungs- und Verlusterlebnisse in der Vorgeschichte einer Depression oder es handelt sich um schon länger bestehende Erschöpfungszustände.

Auch Menschen, die an immer wiederkehrenden Depressionen leiden, können – vielleicht auch erst innerhalb einer Psychotherapie – erkennen, dass typische psychisch belastende Lebensereignisse vor dem Beginn einer jeweils neuen depressiven Episode stattgefunden haben, wobei die biologische und psychologische „Verletzlichkeit" (Vulnerabilität) für solchen depressionsauslösenden Stress ganz individuell ist. Sie hängt ab von

- der genetischen Ausstattung,
- der Lebensgeschichte,
- der augenblicklichen körperlichen und seelischen Verfassung,
- der aktuellen Lebenssituation,
- den Stressbewältigungsmöglichkeiten,
- der Unterstützung, die in Anspruch genommen werden kann und wird.

Umgekehrt weiß man aber auch, dass Depressionen selbst maximalen Stress – für Angehörige ebenso wie für Betroffene – bedeuten.

Der Weg von der Erschöpfung in die Depression

Viele Depressionen beginnen entweder mit einer niedergeschlagenen Stimmung oder einem ausgeprägten Erschöpfungsgefühl. Wird in diesem Stadium nicht interveniert, keine Pause eingelegt, keine Erholungsstrategie verfolgt, kommen in aller Regel nach und nach die Symptome der Depression hinzu. Steht am Anfang vielleicht nur eine allgemeine Abgeschlagenheit und Mattigkeit mitunter verbunden mit Schlafstörungen, folgen allmählich Antriebs- und Lustlosigkeit. Ein Gefühl der Hoffnungslosigkeit nimmt überhand. Die Gedanken beginnen immer um dieselben Themen zu kreisen. Die körperliche Erschöpfung wird schmerzhaft. Es stellen sich auch andere – unklare – körperliche Beschwerden ein. Mit der Zeit entwickelt sich das Vollbild einer Depression.

Unabhängig davon gibt es aber auch Depressionen, die gleichsam aus heiterem Himmel auftreten und nicht mit einer belastenden Lebenssituation oder belastenden früheren Lebenserfahrungen verknüpft werden können. Bei diesen früher „endogen" genannten Depressionsformen sind genetische Faktoren entscheidend beteiligt.

INFO Die Symptome einer Depression

Hauptsymptome
- Gedrückte Stimmung
- Interesselosigkeit, Freudlosigkeit
- Antriebsminderung

Andere häufige Symptome
- Konzentrationsstörungen
- Abnahme des Selbstwertgefühls
- Schuldgefühle
- Hemmung oder Unruhe

- Schlafstörungen
- Appetitminderung
- Mangelnde Gefühlsbeteiligung
- Frühmorgendliches Erwachen, Morgentief
- Gewichtsverlust
- Verlust des sexuellen Verlangens
- Gedanken an Suizid, Suizidimpulse oder Suizidhandlungen

Sollten Sie unter der Mehrzahl der oben genannten Symptome leiden und halten die Beschwerden schon länger als zwei bis drei Wochen an, sollten Sie rasch psychiatrische Hilfe in Anspruch nehmen. In diesem Stadium einer Depression sind Entspannungsübungen, Yoga oder andere Erholungstechniken nicht mehr ausreichend. Eine adäquate Depressionsbehandlung, wozu auch eine medikamentöse Therapie gehören kann, ist angesagt. Leider warten immer noch viel zu viele Betroffene sehr lange, meist mehrere qualvolle Monate, bevor sie sich um professionelle Hilfe bemühen. Weitere Informationen zu diesem Thema finden Sie im Ratgeber „Depressionen überwinden" der Stiftung Warentest.

Stress und Herz-Kreislauf-Erkrankungen

Stress und (zu) hoher Blutdruck oder Stress und Herzinfarkt – das scheint irgendwie zusammenzugehören. Angesichts der Tatsache, dass Herz-Kreislauf-Erkrankungen weltweit bei den Todesursachen führen, ist es auch unter dem Gesichtspunkt der Vorbeugung ein großes Anliegen der medizinischen Forschung, den Zusammenhang zwischen Herz-Kreislauf-Erkrankungen, besonders einem Herzinfarkt, und Stressbelastungen besser zu verstehen.

Das Hauptrisiko für einen Herzinfarkt liegt bei den bekannten Faktoren wie Bluthochdruck, Rauchen, Übergewicht, Diabetes und geringer körperlicher Aktivität. Für knapp die andere Hälfte des Risikos, einen Herzinfarkt zu erleiden, werden von Experten aber psychosoziale Faktoren wie Überbeanspruchung, Trennungs- und Verlustsituationen, Depressivität, verantwortlich gemacht. In der Tat: In den letzten Jahrzehnten ist eine Vielzahl von wissenschaftlichen Untersuchungen zu diesem Thema entstanden. Sie konnten in der Mehrzahl zeigen, dass psychosoziale Belastungsfaktoren das Risiko für die koronare Herzkrankheit wie auch für den Herzinfarkt selbst erhöhen.

Bei der koronaren Herzkrankheit kommt es in den drei Blutgefäßen, die den Herzmuskel selbst mit Blut versorgen, durch Entzündungsprozesse und Ablagerungen von Blutfetten zu einer Schädigung der inneren Gefäßwand. Dies führt zur Verengung des Gefäßes und im Extremfall zum Verschluss, dem Herzinfarkt. Man konnte auch nachweisen, dass nach einem Herzinfarkt Stressbelastungen den weiteren Verlauf der Erkrankung ungünstig beeinflussen können.

Eine mögliche Erklärung: Das Ziel unserer Stressreaktion ist, uns für Flucht oder Kampf „fit" zu machen. Dafür brauchen wir einen beschleunigten Puls und einen Anstieg unseres Blutdrucks. Was aber passiert bei Dauerstress? Die ständige Justierung und Regulierung unseres Blutdrucks und der Frequenz unseres Herzschlags, die ja von vielen inneren und äußeren Einflüssen abhängig ist, wird starr. Die ständig erhöhte Aktivität des autonomen Nervensystems mit einer nicht enden wollenden übermäßigen Ausschüttung von Kortisol und (Nor-)Adrenalin und der damit verbundene Verlust der natürlichen Flexibilität im autonomen Nervensystem führen zu Entzündungsprozessen in den Blutgefäßen. Diese schädigen die innerste Schicht der Arterien, an der sich dann Blutplatt-

INFO „Stress fürs Herz"

Immer wieder wird in großen Studien versucht, psychosoziale Belastungen und Stress im engeren Sinne zu definieren, um herauszufinden, welcher Stress sich als besonderes Risiko für unser Herz-Kreislauf-System erweist. Grundsätzlich konnten Stress-Belastungen, Persönlichkeitsmerkmale und emotionale Faktoren, wie beispielsweise Depressivität, als mögliche Stressursachen eines Herzinfarkts identifiziert werden.

chen festsetzen. Irgendwann droht ein Verschluss des betroffenen Blut-
gefäßes. Ein Herzinfarkt, also ein Untergang des von diesem Gefäß ver-
sorgten Gewebegebietes, ist die Folge.

Das gebrochene Herz – Broken-Heart-Syndrom

Im Zusammenhang mit hohem emotionalem Stress wird umgangssprachlich gerne das Bild des gebrochenen Herzens benutzt. Meist wird
es im Zusammenhang mit Liebeskummer und Trennungssituationen verwendet. Und in der Tat, es gibt eine (seltene) Funktionsstörung des
Herzmuskels, die zunächst wie ein akuter Herzinfarkt mit starken Brust-
schmerzen, Atemnot, Beklemmungsgefühlen und Todesangst auftritt:
Die Stress-Kardiomyopathie oder das Broken-Heart-Syndrom. Es tritt
meist als Folge einer außerordentlichen emotionalen oder körperlichen
Belastung, also nach akutem Stress, auf. Der Unterschied: Die Herz-
kranzgefäße sind nicht wie bei einem Infarkt durch Ablagerung ver-
schlossen. Sie sind frei von Verstopfungen und werden weiterhin durch-
blutet. Verändert ist hingegen die Form der linken Herzkammer, die
auch ihre Leistungsfähigkeit einbüßt. Das Herz ist so nicht mehr in der
Lage, genügend Blut durch die Arterien in den Körper zu pumpen. Als
Grund wird ein Überangebot von „Stresshormonen" wie Adrenalin und
(Nor-)Adrenalin vermutet. Glücklicherweise gehen die Symptome innerhalb von wenigen Stunden und Tagen, manchmal auch Monaten zurück
und führen auch nicht zum Untergang von Herzmuskelgewebe.

Wie häufig dieses Broken-Heart-Syndrom, das erst 1991 zum ersten
Mal überhaupt in der Medizin beschrieben wurde, auftritt, ist bisher un-
klar. Vermutet wird, dass etwa 2 Prozent der Patienten, die wegen eines
Herzinfarkts ins Krankenhaus eingeliefert werden, eigentlich an diesem
Syndrom des gebrochenen Herzens leiden. Man weiß, dass Frauen, vor
allem nach den Wechseljahren, sehr viel häufiger davon betroffen sind
als Männer.

Veranlagung oder Stress?

Sicher: Auch bei Herz-Kreislauf-Erkrankungen spielt unsere genetische
Ausstattung eine wesentliche Rolle. Die Schwierigkeit der Wissenschaftler war es denn auch in den entsprechenden Studien, psychosoziale Belastungen und Stress im engeren Sinne zu definieren und von anderen
Risikofaktoren, wie der Veranlagung, abzugrenzen.

Aber auch wenn in einer Familie tatsächlich ein Risiko für Herz-Kreislauf-Erkrankungen besteht, können Stressbelastungen das Fass zum Überlaufen bringen. Außerdem: „Ein Unglück kommt selten allein." Das heißt: Mehrere Faktoren können bei einem Menschen zusammen auftreten. Beispielsweise kann Arbeitslosigkeit zu einem niedrigeren Einkommen und Sorgen führen. Der erlebte Statuswechsel führt zu einer feindselig verbitterten Grundeinstellung. Ein allgemeines Gefühl von Erschöpfung, Hoffnungslosigkeit und Depressivität stellt sich ein. All diese Faktoren zusammen führen wiederum zu einer deutlich erhöhten Stressbelastung und – vor allem bei einer genetischen Verletzlichkeit (Vulnerabilität) in diesem Bereich – zu einem Anstieg des Risikos für Herz-Kreislauf-Erkrankungen.

Allerdings ist „Stress" auch zu einer allzu griffigen Formel für vermutete Ursachen von Herz-Kreislauf-Erkrankungen geworden. Im Einzelfall ist kaum zu entscheiden, welche Ursache dann die entscheidende ist.

Stress und Immunsystem – macht Stress anfällig?

Fast jeder hat es schon einmal erlebt: In Phasen erhöhter Anspannung, wenn mehrere Anforderungen auf uns einstürmen und wir nicht wissen, was wir zuerst tun sollen, werden wir anfälliger für Infektionen, und nicht selten ist es dann ein grippaler Infekt, der uns erst einmal zur Ruhe zwingt. Stress und Immunsystem stehen in einer engen wechselseitigen Beziehung. Grundsätzlich scheint bei einer akuten Stressreaktion das Immunsystem „hochgefahren" zu werden; dies ist im Rahmen der allgemeinen Flucht- und Verteidigungsreaktion auch durchaus plausibel. Dieses Hochfahren des Immunsystems besteht in einer vermehrten Bereitstellung von bestimmten weißen Blutkörperchen und Immunglobulinen. Beide sind bei der Abwehr von Infektionen und bei Entzündungsprozessen im Organismus wichtig.

Bei chronischer Stressbelastung passiert im Immunsystem nun etwas, was der Reaktionsweise des autonomen Nervensystems sehr ähnelt: Wenn das System daueraktiviert ist, verliert es seine Flexibilität. Dies be-

INFO   Stress lässt unser Immunsystem altern

Wissenschaftler konnten feststellen, dass sich unser Immunsystem über die Lebensspanne verändert: Mit zunehmendem Alter befinden wir uns immer mehr im Zustand einer zwar geringen, aber chronischen Entzündung, die unser Immunsystem herausfordert. Neben der Infektabwehr ist es also immer mehr mit dieser (hausgemachten) Herausforderung beschäftigt, was zu einer erhöhten Anfälligkeit für Infektionen führen kann. Leider ist es nun so, dass das Immunsystem der Menschen, die unter chronischer Stressbelastung stehen, in diesem Sinne deutlich „vorgealtert" und damit weniger effektiv ist. Die Folge ist dann auch hier eine höhere Anfälligkeit für Infekte aller Art.

deutet bezogen auf das Immunsystem, dass bei chronischer Stressbelastung die Infektanfälligkeit steigt, Infektionskrankheiten länger dauern, der Erfolg von Impfungen geringer wird und Wunden und Entzündungen schlechter heilen.

Stress und Verspannung

Dauernder Stress führt zu dauernder Muskelanspannung. Und die tut weh. Auf chronische schmerzhafte Verspannungen reagiert die Muskulatur mit dem Versuch, durch Gegenspannung anderer Muskelgruppen einen Ausgleich zu schaffen. Auch das schmerzt. Das Resultat: ein (schmerzhafter) Teufelskreis.

Sehr häufig sind Verspannungszustände im Nacken, die zu Kopfschmerzen führen, und Verspannungszustände in den Schultern und im Bereich der Lendenwirbelsäule Ursache von Rückenschmerzen.

Die dauernde Anspannung der Muskulatur kann auch bestehende Abnutzungserscheinungen des Skelettsystems und des Bewegungsapparates verstärken. Auch diese schmerzen, und sind leider dauerhaft.

Auch Ihrem Zahnarzt kann auffallen, dass Sie unter chronischer Stressbelastung stehen: Er sieht es an den Kauflächen Ihrer Zähne, die

Sie durch nächtliches Knirschen „abschleifen". Bei diesem nächtlichen Zähneknirschen werden enorme Kräfte freigesetzt. Das Aufeinanderpressen des Ober- und Unterkiefers geschieht mit einer Kraft von mehreren hundert Kilopond. Die Folge sind schwere Schäden am Zahnschmelz und sehr häufig heftige Schmerzen im Kiefergelenk. Während früher eine Fehlstellung der Kiefer als Ursache diskutiert wurde, sind sich die meisten Experten mittlerweile einig, dass chronischer Stress die Hauptursache für den sogenannten Bruxismus ist.

Schienen gegen das Knirschen?

Zahnärzte verordnen bei dieser Störung gerne nächtlich zu tragende Schienen, die den Zahnschmelz schützen. Das tun sie zwar. Leider helfen sie aber nicht gegen die schmerzhaften Muskelverspannungen im Kieferbereich. Wie bei allen Verspannungen des Bewegungsapparats gilt, dass Entspannung und Verringerung der Stressbelastung und ein besserer Umgang mit Stress die langfristig wichtigere „Therapie der Wahl" sind.

Stress und Schlaf

Wir alle kennen die Wirkung von belastenden Ereignissen auf unseren Schlaf: Ein- und Durchschlafstörungen sind häufig. Dies führt dazu, dass der Schlaf nicht mehr erholsam ist, Betroffene leiden dann häufig unter Tagesmüdigkeit und Erschöpfungsgefühlen. Dies kann in einen krank machenden Teufelskreis führen. Schlafstörungen sind immer ein Warnzeichen des Körpers, welches ernst genommen werden muss. Auch eine zu hohe Stressbelastung kann sich zuallererst in Schlafstörungen anzeigen.

Ein wichtiger Aspekt bei Schlafstörungen ist die sogenannte Schlafhygiene: Guter Schlaf gelingt nur, wenn die äußeren Bedingungen stimmen, wenn die Lichtabschirmung funktioniert, die Temperatur angemessen ist und die Matratze sich mit meiner Wirbelsäule gut verträgt. Beim Stress sind es aber die plötzlich auftretenden Schlafstörungen, die Beachtung verdienen. Nichts wurde verändert: trotzdem jede Nacht dieses Erwachen und Grübeln, dieser quälende Blick auf den Wecker, dessen

Zeiger nicht voranschreiten wollen. Viele Menschen im Stress leiden auch unter Insomnie, das heißt Schlafen ist gar nicht mehr möglich.

Jede Schlafstörung, die zu einer (zu) geringen Schlafdauer führt, stellt einen klaren Risikofaktor für eine Depression dar. Wenn sie länger als zwei bis drei Wochen anhält, sollten Sie einen Arzt aufsuchen.

Stress schlägt auf den Magen

Viele Menschen haben unter Stress Schmerzen im Oberbauch oder bekommen Durchfall. Stresshormone beeinflussen die Ausschüttung der Magensäure und stimulieren die Darmtätigkeit. Nicht umsonst spricht man vom „unguten Gefühl in der Magengegend" oder von „Bauchschmerzen, die einem diese oder jene Herausforderung bereiten kann". Zum Problem können diese „Bauchschmerzen" bei chronischem Stress werden. Hier droht die Gefahr, dass sich die Beschwerden gewissermaßen verselbstständigen. Eine Reizdarm-Erkrankung kann die Folge sein. Menschen, die darunter leiden, haben häufig Stuhlgang und Bauchkrämpfe, ohne dass (beispielsweise über eine Darmspiegelung) eine organische Ursache gefunden werden kann.

Auch der Appetit wird durch Stress beeinflusst. Bei akutem Stress haben die meisten Menschen weniger Appetit. Allerdings kann eine chronische Stressbelastung auch ins Gegenteil führen: Den Kummerspeck gibt es tatsächlich. Denn Essen kann „trösten".

Übergewicht als Stressfolge kann aber auch ganz andere Ursachen haben: Viele Menschen schaffen es nicht mehr, eine Pause einzulegen. Sie snacken am Schreibtisch nebenbei, ohne es richtig zu registrieren, sie nehmen Fastfood beim Autofahren zu sich ... – und verlieren den Überblick über ihre Nahrungszufuhr.

Leider kann bei Dauerstress die Appetitsteuerung völlig versagen: Essen sättigt nicht mehr. Gegenstrategien wie Bewegung werden – weil wir ja im Stress sind und keine Zeit haben – nicht eingesetzt und werden mit zunehmendem Gewicht auch aus körperlichen Gründen immer schwieriger.

... und vieles mehr

Die Reihe der stress(mit)bedingten oder durch Stress negativ in ihrem Verlauf beeinflussten Erkrankungen ließe sich noch lange fortsetzen. Denn nicht nur die Stressreaktion, auch die Dauerstressreaktion ist ein Ereignis, das den ganzen Menschen „mit Leib und Seele" betrifft. Unabhängig von einzelnen Krankheitsbildern und -diagnosen stellen wir Ihnen hier noch einmal die möglichen negativen Stressfolgen, also die „unerwünschten Wirkungen" zusammen. Es sind natürlich auch die unerwünschten Wirkungen, die Sie und alle, die über Stress klagen, im Blick haben und gegen die sich ein Anti-Stress-Konzept richtet.

Von den positiven – den erwünschten – Wirkungen haben Sie vor allem im vorigen Kapitel gelesen.

■ **Unerwünschte Auswirkungen auf das Denken**

Unkonzentriertheit bis hin zu Konzentrationsstörungen, Fahrigkeit im Denken, Vergesslichkeit, Überempfindlichkeit gegenüber Ablenkungen bis hin zu Aufmerksamkeitsstörungen, geringere Aufnahme- und Lernfähigkeit, Gedächtnisstörungen, Selbstzweifel, Egozentriertheit.

■ **Unerwünschte Auswirkungen auf das Fühlen**

Emotionale Erschöpfung, Lustlosigkeit, Interesselosigkeit, Verlust des sexuellen Interesses, Gefühle der Unsicherheit und Überforderung, Gereiztheit, Verbitterung, Angst, Schuldgefühle, Depressivität, Hilflosigkeit, Resignation, Zynismus, Aggressivität.

■ **Unerwünschte Auswirkungen auf das Verhalten**

Hektisches und unüberlegtes Verhalten, Fahrigkeit in den Bewegungen, Streitsucht, Konflikte, sozialer Rückzug bis hin zu sozialer Isolation, erhöhter Nikotin-, Alkohol- und Medikamentenkonsum, Leistungsminderung, Fehlzeiten am Arbeitsplatz.

■ **Unerwünschte Auswirkungen auf den Körper**

Körperliche Erschöpfung, muskuläre Verspannungen, Verdauungsbeschwerden, erhöhte Herzfrequenz bis hin zu Herz-Kreislauf-Störungen, hormonelle Störungen, Schlafstörungen, Müdigkeit, Kopfschmerzen, Infektanfälligkeit.

WAS MACHT MIR STRESS?

Was stresst Sie? Danach haben wir Sie im ersten Kapitel gefragt. Lassen Sie uns damit weitermachen und klären: Was stresst Menschen besonders häufig und besonders stark? Auf der Suche nach Risikofaktoren sind Stressforscher in vielen Bereichen fündig geworden.

Von großen Krisen bis zum Alltagsstress

Sie und wir haben im ersten Kapitel Stressauslöser gesammelt. Auch in der Stressforschung finden sich solche Sammlungen. Genannt werden:

Zeit- und Termindruck, Lärm, akute und chronische Krankheit, Hunger, Überforderung, Unterforderung und Langeweile, mangelndes Selbstwertgefühl, Entscheidungsdruck, Mangel an Kontrolle über das eigene (Arbeits-)Leben, soziale Ausgrenzung, geringe Wertschätzung und Anerkennung, fehlende Selbstbestimmungsmöglichkeiten, familiäre und persönliche Krisen, Verlust des Arbeitsplatzes, mangelnde Vereinbarkeit von Beruf und Familie, kritische Phasen im Lebenslauf wie Auszug aus dem Elternhaus, Berufseinstieg und Übergang ins Rentenalter, mangelnde Erholung, andauernde Alltagssorgen und -probleme und viele mehr.

Auf der Suche nach den entscheidenden Stressauslösern hat die Forschung in den letzten Jahrzehnten ganz verschiedene Schwerpunkte gesetzt und je nach Fachrichtung, Perspektive und Anliegen ganz unterschiedliche als entscheidend gewichtet. Was dabei auffällt: Der Schwerpunkt des Interesses hat sich von den physischen Stressfaktoren immer weiter weg hin zu Bedingungen, Ereignissen und Situationen verschoben, die den Einzelnen emotional in seiner Beziehung zu sich selbst und zu seinen Mitmenschen belasten. Das heißt: Wer heute von Stress spricht, hat eher soziale oder psychische Stressoren im Blick. Wahrscheinlich geht es Ihnen ebenso.

Kritische Lebensereignisse

Im Verlauf seines Lebens und seiner Entwicklung durchläuft jeder Mensch verschiedene Phasen mit ganz unterschiedlichen Aufgaben und Anforderungen, die uns zu einer Neujustierung zwingen. Besonders deutlich wird dies in den Schwellensituationen, die von einem Lebensabschnitt in den anderen führen und eine große Anpassungsleistung

INFO   Trauma und Stress

In der medizinischen Stressforschung spielt die Traumaforschung eine zentrale Rolle. Sie befasst sich mit maximalem Stress, der definitionsgemäß schwerwiegende und oft auch anhaltende negative Stressfolgen nach sich zieht. Sie kennen sicher die medizinischen Diagnose der Posttraumatischen Belastungsstörung, die eine dieser Folgen benennt.

Dabei bezeichnet der Begriff (psychisches) Trauma = Verletzung die Folge des Stresses und nicht den Stressauslöser. Traumatisierende Stressoren sind – so die Definition – existenziell bedrohliche Ereignisse. Das heißt: Sie sind so überwältigend, dass sie Todesangst oder Angst vor Vernichtung auslösen. Ein solches traumatisches Ereignis ruft im Körper eine akute Stressreaktion hervor, die die aktuellen Verarbeitungsmechanismen bei weitem übersteigt.

Zu solchen traumatisierenden Ereignissen können gehören

- Kriege und Terroranschläge,
- Naturkatastrophen,
- Gewaltverbrechen wie Raub, Überfall, körperlicher Angriff, Vergewaltigung,
- Verkehrsunfälle mit und ohne Verletzungen,

aber auch

verlangen. Denken Sie zum Beispiel an den Übergang von der Kindergarten- in die Schulzeit, an die Pubertät, die ein neues Lebensalter einläutet, und – kurz darauf – ans Ende der Schulzeit und dessen Anforderung, sich beruflich zu orientieren, also die richtige Ausbildung zu finden. Denken Sie an den Einstieg ins Berufs- und Erwachsenenleben mit den vielen Veränderungen, die dieser mit sich bringt, und viel später den Übertritt ins Alter, am deutlichsten markiert durch den Ruhestand, und – hoffentlich noch viel später – möglicherweise die Aufgabe des eigenen Haushalts und den Umzug in eine betreute Pflegeeinrichtung.

Außerdem kommt keiner von uns umhin, zusätzlich mit sogenannten kritischen Lebensereignissen konfrontiert zu werden, die als einzelnes einschneidendes Ereignis die Neuanpassung an veränderte Lebensbedingungen fordern. Wir haben bereits einige genannt: Hochzeit, Schei-

- Entwürdigung, Erniedrigung und massive Demütigung, die das „psychische Selbst" zu vernichten drohen.

In diesem Sinne traumatisiert können die Opfer selbst, aber auch die Zeugen eines schrecklichen Ereignisses sein. Auch der plötzliche Tod eines geliebten Menschen kann traumatisieren.

Inzwischen weiß man, dass nicht nur diese akuten „Schock-Erlebnisse" traumatisieren können. Auch langanhaltende Traumata – man spricht von Typ-II-Traumata können maximalen Stress auslösen. Chronischer traumatischer Stress ist eine Ansammlung vieler zerstörerischer Stressoren wie zum Beispiel familiäre Gewalt, Vernachlässigung, Verwahrlosung, dauernde Erniedrigung.

Traumatisierende Ereignisse sind das Extrem belastender Situationen, die im Leben eines Menschen Stress auslösen können, und hoffentlich sind Sie nicht Opfer solcher Erfahrungen geworden. Leider wird heute der Begriff des Traumas immer öfter auch im Zusammenhang mit allen möglichen negativen oder leidvollen Erfahrungen verwendet wie zum Beispiel eine Kündigung, Mobbing, eine Trennung bis hin zum „einfachen" Ärger am Arbeitsplatz oder einem verlorenen Fußballspiel. Solche Ereignisse können möglicherweise stressen, traumatisieren aber wohl nicht.

Was stresst am meisten?

Hier ein Auszug aus der „Social Readjustment Rating Scale", der Liste der
stressenden Lebensereignisse, die Holmes und Rahe erstellt haben.

Ereignis	Stress-punkte	Ereignis	Stress-punkte
Tod des Ehegatten	100	Änderung des beruflichen Verantwortungsbereichs	29
Scheidung	73		
Gefängnisstrafe	63	Sohn oder Tochter verlassen das elterliche Heim	29
Tod eines engen Familienmitglieds	63		
Unfall oder Krankheit	53	Probleme mit angeheirateten Verwandten	29
Heirat	50		
Fristlose Entlassung – Arbeitslosigkeit	47	Hervorragende persönliche Leistung	28
		Anfang oder Beendigung einer Schule	26
Versöhnung mit Ehegatten	45		
Pensionierung	45	Änderung der Lebensbedingungen	25
Erkrankung eines Familienmitglieds	44	Probleme mit Vorgesetzten	23
Schwangerschaft	40	Änderung der Arbeitszeit oder Arbeitsbedingungen	20
Sexuelle Schwierigkeiten	39		
Familienzuwachs	39	Wohnungswechsel	20
Veränderung der finanziellen Situation	38	Änderung der Freizeitgewohnheiten	19
		Hypothek oder Kredit unter 7 000 Euro	17
Tod eines engen Freundes	37		
Änderung der Streitfrequenz mit Ehegatten	35	Änderung der Schlafgewohnheiten	16
		Änderung der Essgewohnheiten	15
Hypothek oder Kredit über 7 000 Euro	31	Urlaub	13
Zwangsvollstreckung oder Lohnpfändung	30	Weihnachten	12
		Geringfügige Gesetzesüberschreitungen	11

Aus :T.H. Holmes, R.H. Rahe: Life-Event-Theorie, 1967.

dung, Geburt der Kinder, vielleicht Kündigung, schwere Krankheiten oder Unfälle, die man selbst erleidet oder die nahe stehende Menschen treffen und die das Leben durcheinander bringen.

Schon in den 1960er-Jahren haben zwei amerikanische Psychiater, Thomas Holmes und Richard Rahe, basierend auf den Forschungen Selyes eine Vielzahl solcher kritischer Ereignisse („Life events"), die im Lauf des Lebens auf uns zukommen können, als wesentliche Stressoren zusammengefasst. In ihrer Liste, aus der wir einige unserer Beispiele genommen haben, erscheinen Ereignisse wie ein Umzug, die Aufnahme einer (kleinen oder großen) Hypothek, der Schuleintritt und der Schulabschluss, Familienzuwachs, Scheidung, der Auszug der Kinder, Arbeitslosigkeit, Rente, Krankheit oder gar der Tod eines Familienangehörigen. Dass all diese Ereignisse stressen können, ist leicht nachzuvollziehen.

Was stresst am meisten?

Und wie sehr stressen die einzelnen Life events? Genau diese Fragestellung leitete Holmes und Rahe. Auf der Grundlage ausgefeilter Patientenbefragungen haben sie ihre Sammlung in einer Skala (bekannt als Holmes-Rahe Social Readjustment Rating Scale, kurz SRRS) von 43 „Events" nach ihrer Stärke als Stressauslöser gewichtet, wobei sie jedem Ereignis ein Gewicht in Punkten (die „life change units", also lebensverändernde Einheiten) zugeordnet haben.

Kehren wir noch einmal zu den physikalischen Stressauslösern zurück. Ein Sprung ins eiskalte Wasser eines Bergbaches löst mit größerer Wahrscheinlichkeit eine Stressreaktion aus als ein Bad im warmen Mittelmeer und der Lärm eines Presslufthammers (100 Dezibel) höchstwahrscheinlich mehr als das Brummen des Kühlschranks mit 40 Dezibel. Wie sieht es aber beim Vergleichen psychosozialer Stressauslöser aus, was ja die SRRS von Holmes und Rahe vornimmt? Dass die Dinge etwas komplizierter liegen als in der einfachen Skala von Holmes und Rahe, werden wir weiter hinten sehen.

Festhalten möchten wir an dieser Stelle: Auf der Grundlage dieser und ähnlicher Skalen untersucht bis heute die so genannte Life-event-Forschung den Zusammenhang zwischen der (auf der Life-Event-Skala von Holmes und Rahe bewerteten) Schwere eines Events und der Häufigkeit solcher Ereignisse in einem bestimmten Zeitabschnitt und dem Ausbruch von (stressabhängigen) Krankheiten. Die Summe der „life change units" innerhalb eines bestimmten Zeitraums gilt als Maß für den Stress, der möglicherweise die vorliegende Krankheit verursacht oder negativ beeinflusst hat.

Alltagsstress

Ohne Frage: Die großen Lebensereignisse lösen bei jedem von uns Stress aus. Sie erhalten in der Skala, die Holmes und Rahe (siehe Seite 54) zusammengestellt haben, die meisten Stresspunkte. Glücklicherweise sind diese großen Lebensereignisse, die „major Life events", wie sie in der Wissenschaft genannt werden, selten. Deshalb gerieten in den folgenden Jahrzehnten die kleinen immer wiederkehrenden und sich häufenden Alltagsbelastungen als „minor Life events" in den Blick.

Jedem von uns fallen sie ein. Sei es das immer zu knappe Haushaltsgeld, die gefährdete Versetzung des Ältesten oder die Ansprüche der alternden Eltern, der leidige Papierkrieg, das ständige Klingeln des Telefons oder die Flut der eingehenden E-Mails, auf die wir möglichst sofort zu reagieren haben. Wir erleben unsere täglichen Pflichten als Stress, wenn sie immer mehr werden, immer weniger Spaß machen und wir das Gefühl haben, die verschiedenen Ansprüche, die andere an uns stellen, nicht mehr unter einen Hut bringen zu können.

Ständig unter Stress stehen wir, wenn wir die Rolle, die wir im Alltag (etwa als konsequenter Vater) oder im Beruf (als effiziente Chefin zum Beispiel) innehaben, nicht mehr ausfüllen können, weil sie nicht mit uns, unserer Persönlichkeit, unseren Zielen und Werten übereinstimmt. Wir

INFO **Rollenkonflikte**

Dauerstress ist programmiert, wenn wir durch eine unserer Rollen mit einer anderen in Konflikt geraten. Denken Sie nur an das Problem der Vereinbarkeit von Familie und Beruf und den Konflikt zwischen der Rolle einer guten Familienmutter und einer engagierten Krankenschwester, die im Schichtdienst arbeiten muss.

sind gestresst durch den ewigen Streit der Kinder, die schlechte Laune des Partners, den Lärm aus der Wohnung über uns und durch den Nachbarn von nebenan, der unseren Müll kontrolliert.

Stress machen aber auch unser ständiges Grübeln und die quälenden Gedanken und Sorgen, die uns nachts den Schlaf rauben. Vielleicht müssen wir ja „nur", weil wir nicht zunehmen wollen, immer Kalorien zählen. Vielleicht zerbrechen wir uns den Kopf, was dieser oder jene von uns hält, oder müssen ständig an das denken, was alles Schlimmes passiert ist oder passieren könnte, was wir falsch gemacht haben oder falsch machen könnten.

Als „irritierende, frustrierende oder entnervende Vorkommnisse, Missgeschicke, Behinderungen und Ärgernisse des Alltags" sind sie unter dem Begriff „daily hassles" (englisch und in der Psychologie) in ihrer Stresswirkung hervorgehoben worden.

Versuchen Sie sich einmal einige „Ärgernisse" des Alltags vorzustellen. Wie geht es Ihnen nach einem heftigen Streit – vielleicht sogar dem dritten in dieser Woche – mit Ihrem Partner? Wie reagieren Sie auf den – möglicherweise herablassenden, kritischen, verächtlichen – Blick Ihres Chefs? Wie lange sind Sie gedanklich noch mit dem Streit mit Ihrer Kollegin beschäftigt? Oder streiten Sie nie, weil Sie lieber alles in sich hineinfressen, als endlich einmal auf den Tisch zu hauen? Quält es Sie, wenn Sie merken, dass Sie ein Ihnen wichtiges Ziel nicht erreichen, Ihre Ihnen gestellten Aufgaben nicht schaffen werden oder nicht durchsetzen können, was Ihnen wichtig und wertvoll erscheint?

Und was ist, wenn Sie entdecken, dass die Waage wieder ein Kilogramm mehr zeigt, Ihre Tochter das Mathebuch auf ihrem Schreibtisch hat liegen lassen, der Schlüssel nicht da hängt, wo er hängen sollte, jede Ampel gerade dann, wenn Sie kommen, auf Rot umschaltet und Sie tatsächlich mit Schweißflecken unter den Armen fünf Minuten zu spät im Büro sind – und dann merken, dass Sie Ihr Handy zuhause vergessen haben und Ihren Geldbeutel auch? Ist dann der Tag für Sie gelaufen?!

Auch für die Alltagsbelastungen wurden verschiedene Checklisten entwickelt. Eine davon haben wir aus einem Test entnommen, der in der Stressforschung als „Alltagsbelastungsfragebogen" bekannt ist.

Nehmen Sie die Liste auf den folgenden Seiten einmal als Denkanstoß und überlegen Sie, wie es Ihnen in den letzten Tagen ergangen ist!

Erkennen Sie Ihren Alltagsstress wieder? Welche Punkte können
Sie streichen? Müssen Sie welche hinzufügen?

1. Ich habe eine Aufgabe nicht gut bewältigt.

2. Wegen anderer Personen habe ich schlechte Leistungen erbracht.

3. Ich dachte an meine unerledigten Arbeiten.

4. Ich musste hetzen, um einen Termin einzuhalten.

5. Ich wurde bei einer Aufgabe oder Arbeit gestört.

6. Jemand hat meine schon erledigte Arbeit miesgemacht.

7. Ich musste etwas machen, was ich nicht richtig konnte.

8. Ich konnte eine Aufgabe nicht zu Ende führen.

9. Ich war durcheinander.

10. Ich wurde kritisiert oder beschimpft.

11. Man hat mich nicht beachtet.

12. Ich musste öffentlich sprechen beziehungsweise etwas vormachen.

13. Ich wurde unfreundlich bedient.

14. Man hat mich beim Sprechen unterbrochen.

15. Obwohl ich nicht wollte, musste ich mit Leuten zusammen sein.

16. Jemand hat ein Versprechen gebrochen/mich versetzt.

17. Ich stand in Konkurrenz zu jemandem.

18. Ich wurde angestarrt.

19. Jemand, an dem mir liegt, hat nichts von sich hören lassen.

20. Ich bin herumgeschubst worden.

21. Ich wurde missverstanden.

22. Man machte mich verlegen.

23. Mein Schlaf wurde gestört.

24. Ich habe etwas vergessen.

25. Ich hatte Angst vor Krankheit oder Schwangerschaft.

26. Mir ging es körperlich nicht gut beziehungsweise ich war krank.

27. Jemand hat sich etwas ausgeliehen, ohne mich zu fragen.

28. Mir ist etwas kaputt gemacht worden.

29. Ich hatte einen kleinen Unfall (mir ist etwas zerbrochen,
    ein Kleidungsstück wurde zerrissen etc.).

30. Ich dachte an die Zukunft.

31. Lebensmittel oder Gegenstände meines persönlichen Bedarfs sind
    mir ausgegangen.

32. Ich hatte Streit mit meinem Partner/meiner Partnerin oder meinem Freund/meiner Freundin.
33. Ich hatte mit jemand anderem Streit.
34. Ich musste länger warten, als ich wollte.
35. Ich wurde beim Nachdenken oder Entspannen gestört.
36. Jemand hat sich vorgedrängt.
37. Ich war beim Sport/Spiel schlecht.
38. Ich habe etwas getan, was ich eigentlich nicht wollte.
39. Ich konnte nicht alles erledigen, was ich mir vorgenommen hatte.
40. Ich hatte mit dem Auto Probleme.
41. Der Verkehr hat mich nervös gemacht.
42. Ich hatte finanzielle Sorgen.
43. In einem Geschäft fand ich nicht das, was ich wollte.
44. Ich habe etwas verlegt.
45. Das Wetter war schlecht.
46. Ich hatte unerwartete Ausgaben (Bußgeld, Strafmandat).
47. Ich war mit einer Autoritätsperson konfrontiert.
48. Ich erhielt eine schlechte Nachricht.
49. Ich war um mein Äußeres besorgt.
50. Ich war einer bedrohlichen Situation ausgesetzt.
51. Ich habe mich über eine Fernsehsendung, einen Film, ein Buch geärgert.
52. Ich war schlecht gelaunt, weil ich gestört wurde (jemand hat nicht angeklopft, war unhöflich usw.).
53. Ich habe etwas nicht verstanden.
54. Ich habe mir Sorgen um jemanden gemacht.
55. Ich konnte gerade noch einer Gefahr ausweichen.
56. Ich habe eine schlechte Angewohnheit unterlassen (auf Nägel beißen, zu viel essen, rauchen).
57. Ich hatte mit meinen Kindern Ärger.
58. Ich kam zur Arbeit/zu einer Verabredung zu spät.

(Zitiert nach: H.C. Traue, V. Hrabal & P. Kosarz: Der Alltagsbelastungsfragebogen (ABF): Zur inneren Konsistenz, Validierung und Streßdiagnostik mit dem deutschsprachigen daily stress inventory, Verhaltenstherapie und Verhaltensmedizin, 2000, 21/2, Seite 15–21.)

Arbeit und Stress

Im Zusammenhang mit der Burnout-Diskussion (siehe Seite 35) ist natürlich gerade in den letzten Jahren der Arbeitsstress besonders untersucht und hervorgehoben worden. Stress am Arbeitsplatz wird verstanden als „Reaktion auf ungünstige und schädliche Aspekte der Arbeit, des Arbeitsumfelds und der Arbeitsorganisation" – so die Definition der Generalkommission V der Europäischen Union.

Der Befund des Stressreports

Den Stand der psychischen Arbeitsanforderungen könnte man verkürzt mit den Schlagworten „viel gleichzeitig, schnell und auf Termin, immer wieder neu, aber auch oft das Gleiche" zusammenfassen. So wird es im Stressreport 2012 (siehe Seite 8) formuliert. Die Umfragen unter Arbeitnehmern, die anlässlich dieses Stressreports durchgeführt wurden, lassen jedoch weitere Spezifizierungen zu. Als Belastungen, die mit erhöhter Wahrscheinlichkeit Stress verursachen, werden weiter genannt: häufige Arbeitsunterbrechungen und Multitasking, immer komplexere und sich ständig ändernde Arbeitsaufgaben durch häufige Umstrukturierungen oder Neuorganisation der Arbeitsabläufe und -aufgaben, lange Arbeitszeiten und/oder eine enorme Leistungsverdichtung durch enge Termine und knappe Zeitvorgaben, permanenter Aufmerksamkeitsdruck durch die neue Informationsflut und dadurch auch ein kaum zu bewältigendes Kommunikationspensum. Zu großem Leistungsdruck können auch unklare Grenzen zwischen Beruf und Privatleben werden und die Anforderung der ständigen Erreichbarkeit, die sich durch die neuen Kommunikationsmöglichkeiten ergeben.

Unklare Anweisungen und Aufgaben und natürlich fehlende Beschäftigungssicherheit durch befristete und unsichere Beschäftigungsverhältnisse, die den Leistungsdruck erhöhen, können ebenfalls Ursachen von Stress sein.

Die Arbeit kann zum Stressort werden, wenn dort Diskriminierung und Benachteiligung vorkommen, wenn sie Tätigkeiten verlangt, die mit den eigenen Wertvorstellungen im Konflikt stehen, oder wenn sie erfordert, nach außen hin Gefühle zeigen zu müssen, welche nicht mit den eigentlichen Gefühlen übereinstimmen.

INFO   Nachtschicht!

Schichtarbeit ist ein Risikofaktor für die verschiedensten Erkrankungen und wahrscheinlich einer der stärksten Stressauslöser überhaupt. Menschen in Schichtarbeit verbringen einen Teil ihrer Arbeitszeit wie in einem permanenten Jetlag. Sie leiden unter ständiger Tagesmüdigkeit und ihre Leistungsfähigkeit ist eingeschränkt. Aber nicht nur das: Unregelmäßige Arbeit erhöht das Risiko für einen Herzinfarkt, für Schlaganfälle und, wie erst kürzlich erwiesen, für manche Krebserkrankungen. Dabei ist es nicht erforderlich, in einem klassischen Dreischichtenmodell zu arbeiten. Auch eine Verschiebung der Regelarbeitszeit in die Abendstunden hinein oder eine unregelmäßige Arbeitszeit und eine Vernachlässigung der Wochenendpausen wirken sich auf unseren Organismus als enorme Belastung aus. Denn wir alle haben unseren persönlichen Biorhythmus, in dem die Phasen von Leistung und Erholung ziemlich starr festliegen.

Guter und schlechter Stress in der Arbeitswelt

Aus der Arbeitspsychologie stammt das Begriffspaar: Belastung/Beanspruchung. Dabei wird unter „Belastung" ganz wertneutral die Gesamtheit der von außen auf den Menschen wirkenden Herausforderungen verstanden. Sie sind also erst einmal weder gut noch schlecht. Mit „Beanspruchung" werden die unmittelbaren Auswirkungen der Belastungen auf den Menschen bezeichnet. Auch diese sind wertneutral. Dieses Belastungs-Beanspruchungs-Modell wurde ursprünglich für die körperlichen Belastungen in der Arbeitswelt mit ihren körperlichen Beanspruchungen entwickelt. Also: Ein Bauarbeiter, der einen Eimer Zement zu tragen hat, ist im wahrsten Sinn des Wortes belastet, seine Muskeln sind beansprucht.

Heute gilt es auch als Grundmodell, um den psychischen Belastungen und Beanspruchungen in der Arbeitswelt auf die Spur zu kommen und Normen entwickeln zu können, die dazu dienen, die Arbeitsbedingungen zu verbessern – sie stressärmer zu machen.

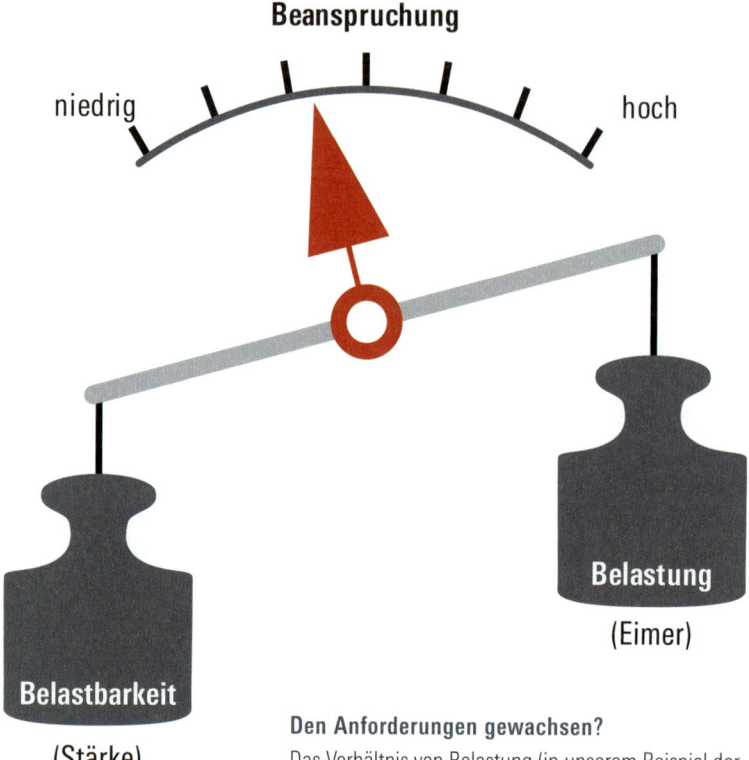

Beanspruchung

niedrig   hoch

In Anlehnung an das „Mechanische Modell der Belastung und Beanspruchung" des REFA Bundesverband e.V.

Belastung

(Eimer)

Belastbarkeit

(Stärke)

Den Anforderungen gewachsen?
Das Verhältnis von Belastung (in unserem Beispiel der Eimer) und Belastbarkeit (im Beispiel die Stärke des Bauarbeiters) bestimmt die Beanspruchung.

Anforderungsfit oder „Mis-fit"

Aber nehmen wir noch einmal den Bauarbeiter mit seinem schweren Eimer. Wie stark er durch diese Belastung – seine Last – beansprucht ist, hängt auch von seiner Größe, Stärke und gesundheitlichen Verfassung ab. „Passt" die Anforderung, so handelt es sich durchaus um guten (Eu-)Stress (siehe Seite 22).

Wenn der Eimer für ihn zu schwer ist, wird er durch die „Belastung" zu sehr „beansprucht" und er gerät in negativen Stress.

Es geht also bei Stress und seinen Folgen um die Frage, inwieweit jemand den Belastungen, denen er sich gegenübersieht, gewachsen ist oder nicht. Man spricht heute vom Anforderungsfit – oder leider eben auch Mis-fit – zwischen Belastung und Belastbarkeit und hat dafür das aussagekräftige Bild einer Waage entworfen.

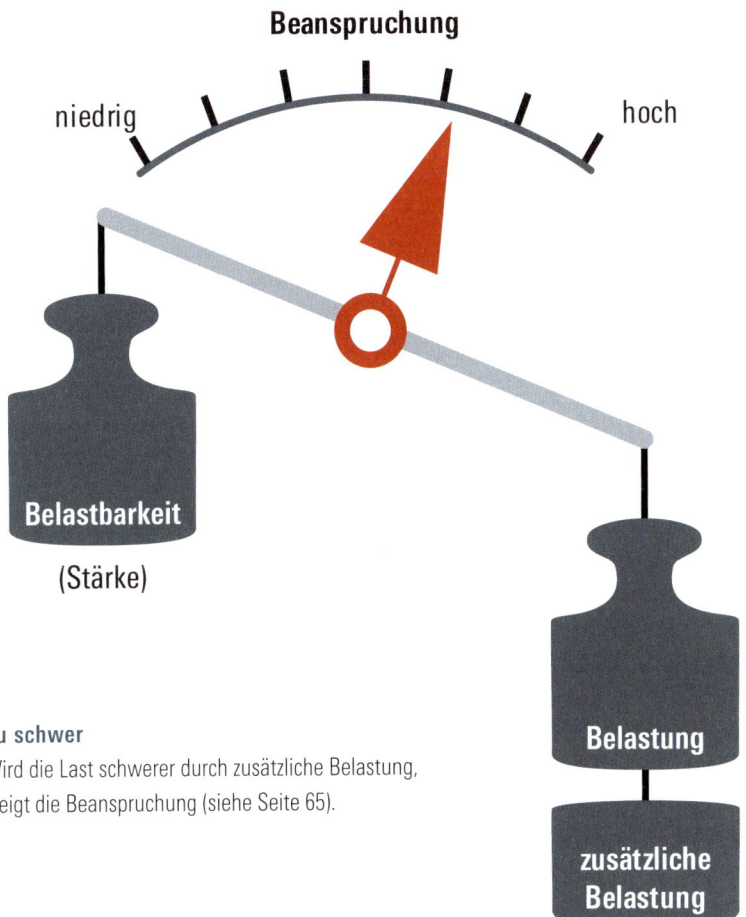

Zu schwer

Wird die Last schwerer durch zusätzliche Belastung,
steigt die Beanspruchung (siehe Seite 65).

„Zu schwer" und mehr

Wissenschaftler und Psychologen, die die Stressoren am Arbeitsplatz im Blick haben, haben aber auch festgestellt, „zu schwere" Anforderungen erzeugen vor allem dann (chronischen und auch gesundheitsgefährdenden) Stress, wenn sie mit ganz bestimmten weiteren sozialen und organisatorischen Rahmenbedingungen zusammentreffen. Sie nennen als mögliche zusätzliche „Gewichte" auf der Soll-Seite „schlechtes Betriebsklima, schlechten Führungsstil, fehlende soziale Unterstützung, Mobbing, undurchschaubare Abhängigkeiten und Konkurrenzdruck".

Arbeitsstress entsteht auch dann, wenn viel verlangt wird, aber wenig Einflussmöglichkeiten und Entscheidungsspielräume oder unklare Verantwortlichkeit oder zu wenig Verantwortung und Kontrolle über die eigenen Arbeitsabläufe vorhanden sind. Das Risiko ist dann besonders hoch, wenn hohes Engagement und große Motivation zu wenig anerkannt werden – sei es finanziell oder ideell durch Anerkennung, Statuszuweisung oder gute Aufstiegsmöglichkeiten.

Ein Beispiel: Soll und Haben

Unser folgendes Beispiel stammt nicht aus der Arbeitswelt der Erwachsenen. Es geht um den Arbeitsstress des Kindes, den Schulstress. Diese „Arbeitswelt" kennen wir alle – deshalb das Beispiel.

Die Belastung: das Soll

Hier die Anforderungen, die für ein Kind „zu schwer" sein können:
- Dass Zensuren, Leistungs- und Verhaltensbeurteilungen „zu schwer" sein können, hat jeder am eigenen Leib verspürt. Dies gilt natürlich besonders für die Drohung, „sitzen zu bleiben", und für Situationen, in denen ein Schüler bestraft, lächerlich gemacht, bloßgestellt, entmutigt oder ungerecht behandelt wird.
- Auch ein Unterricht, der sich nur am Schüler des guten Durchschnitts orientiert und nicht differenziert nach Lernausgangslagen, Leistungsstand und unterschiedlichem Arbeitstempo, also notwendigerweise die einen Schüler unter- und die anderen überfordert, kann ein „Zu schwer" auf der Anforderungsseite bedeuten.
- „Zu schwer" sind auch Lehrer, die zum einzelnen Kinde keine Beziehung aufnehmen können, die lange Monologe halten, anstatt Gespräche zu führen, und deren Rolle auf reine Wissensvermittlung und Leistungskontrolle beschränkt ist.
- „Zu schwer" kann ein langer Schultag sein mit wenig Pausen, zu wenig Bewegung, ungesundem Essen, falschem Licht, schlechter Luft, unpassender Raumtemperatur und einem Tagesrhythmus, der dem individuellen Rhythmus nicht entspricht.
- „Zu schwer" kann sein: zu viele Kinder auf zu wenig Raum.
- „Zu schwer" sind dann auch der Lärm, den zu viele Kinder machen, und die vielen Ablenkungen, Reize und Anforderungen, die in großen Klassen eben mehr entstehen als in kleinen.
- „Zu schwer" sind für viele Kinder auch die sozialen Anforderungen: in einer Gruppe zurechtkommen, Kontakte knüpfen, Freunde gewinnen und halten, Streit aushalten und so weiter.

Die Belastbarkeit: das Haben

Und die andere Seite? Ob und wie stark die Last der Schulsituation die Waage aus dem Gleichgewicht bringt, hängt nicht nur von dem Stressorengewicht ab, sondern auch vom Individuum, hier dem einzelnen Kind:

- von seinem Temperament und seinen Anlagen,
- von seinen Bedürfnissen, Wünschen, Vorstellungen, Werten und Zielen, die wiederum natürlich geprägt sind von seiner bisherigen Geschichte in der Familie,
- von seiner aktuellen gesundheitlichen – körperlichen und psychischen – Verfassung,
- vom Erfolg beziehungsweise Misserfolg, den es an einem stressigen Schultag erfährt,
- von der Belohnung und Anerkennung entweder durch gute Noten oder Achtung oder gar Bewunderung,
- von seiner sozialen Stellung in der Klasse, ob es Freunde hat, ob es von seinen Lehrern gemocht und anerkannt wird und ob es selbst seine Lehrer mag,
- vom Ausgleich, den es außerhalb der Schule zur Verfügung hat,
- von der Unterstützung, die es von Eltern, aber auch von Freunden, Nachbarn und Lehrern bekommt,

  und nicht zuletzt:
- Es hängt davon ab, wie gut das Kind gelernt hat, mit anstrengenden und belastenden Situationen umzugehen, zurechtzukommen, fertig zu werden, ihnen gewachsen zu sein, sie zu bewältigen...

Was ist schwerer: Soll oder Haben?

Da sind

- auf der einen Seite die Anforderung plus zusätzliche Belastungen, die „getragen" werden müssen, das „Soll",
- auf der anderen Seite die Fähigkeiten und Möglichkeiten, mit den Anforderungen zurechtzukommen, und die Anerkennung und Belohnung für Anstrengung, das „Haben",

  und von beiden abhängig
- das (Un)gleichgewicht, in dem sich die beiden Seiten befinden.

Zurück zum Bild der Waage: Ist sie im Gleichgewicht oder neigt sich sogar in Richtung Haben-Seite, gibt es keinen Schulstress. Erst bei einem Ungleichgewicht zugunsten der Anforderungsseite entsteht Stress.

Was stresst? – Risikofaktoren

Was also macht Risikofaktoren zu Stressoren? Die einfachste Antwort haben Sie im letzten Kapitel gelesen. Ein Risikofaktor wird zum Stressor, weil er Stress auslöst. Und er tut dies, weil er eine neue Anpassung erfordert und deshalb eine Mobilisierung nötig macht.

Unter diesem Aspekt haben Holmes und Rahe ihre Liste zusammengestellt (siehe Seite 54), wobei sie positive Lebensereignisse in ihrer stressauslösenden Kraft nicht grundsätzlich von negativen unterscheiden. Die Gemeinsamkeit der einzelnen Ereignisse ist – dies zeigt sich auch im Begriff der life change units – die Lebensveränderung, die allein deswegen stresst, weil sie eine Anpassungsleistung verlangt.

Die Stressforscher, die das Stresspotenzial der Alltagssorgen und daily hassles gegenüber den großen Lebensereignissen hervorheben, haben dagegen die Dauer und die Summe kleinerer Belastungen als gravierender identifiziert.

Tatsächlich stellten sich in vielen Untersuchungen diese täglichen Ärgernisse als eine bedeutende Stressquelle heraus, weil sie uns als ständige Hintergrundmusik begleiten und damit eine anhaltende Spannung, also chronischen Stress erzeugen. „Große" Lebensereignisse wie Tod und Krankheit eines Angehörigen, Scheidung, Kündigung und so weiter werden – so die Einschätzung – oft auch deshalb zu „großen" Risikofaktoren, weil sie weitere Belastungen – vielleicht einen Wohnungswechsel oder finanzielle Sorgen (bei einer Scheidung oder nach dem Tod des Partners) oder „kleine" Alltagssorgen mit sich bringen. Denken Sie nur daran, mit wie viel Bürokratie durch einschneidende Ereignisse erzwungene Lebensveränderungen einhergehen.

Soziologisch orientierte Stressforscher und Arbeitspsychologen betonen als besonderes gravierend den Mangel an Überschaubarkeit, Kontrolle und Anerkennung/Belohnung, der unsere Arbeit besonders stressend macht. Das heißt: Arbeitsstress entsteht vor allem dann,

- wenn Anforderung und Person nicht zusammenpassen,
- wenn hoher Arbeitsdruck und geringer Entscheidungsspielraum zusammentreffen,
- wenn ein Missverhältnis zwischen Einsatz und Anerkennung/Belohnung besteht.

„Stressorenmerkmale"

Fassen wir also noch einmal kurz zusammen, welche Faktoren bei unterschiedlicher Gewichtung als entscheidend genannt werden:
Ereignisse, Situationen, Bedingungen und so weiter können zu Stressauslösern werden, wenn sie

1. eine (unerwartete) Anforderung beinhalten,
2. eine (neue) Anpassung erfordern,
3. nicht vorsehbar, mehrdeutig und
4. wenig beeinflussbar oder kontrollierbar sind, und
5. sie werden zu Stressoren, wenn der Aufwand und die Anstrengung, die zu ihrer Bewältigung notwendig sind, in keinem (guten) Verhältnis zum Erfolg stehen.

Sie werden zu „schlechtem" Stress: Solche Ereignisse, Situationen, ... werden zu Stressoren, wenn sie

6. in ihrer Anforderung zu lange andauern und
7. wegen der lang anhaltenden Stressreaktion „verschleißen".

Aber lassen Sie uns noch einmal betonen: Ein Stressor ist (nur dann) ein Stressor, wenn er tatsächlich Stress auslöst. Das heißt: Ob eine Situation, eine Bedingung, ein Ereignis ... Stressor ist, kann genau genommen nur durch die Reaktion darauf – unseren Stress – entschieden werden. Die aufgezählten Stressoren sind immer nur Risikofaktoren, die aufgrund bestimmter Merkmale geeignet sind, Stress auszulösen.

ICH MACHE MIR STRESS

Nicht jeder Risikofaktor, nicht jede Herausforderung oder Belastung löst bei jedem und in jeder Situation den gleichen Stress aus. Die Frage ist also nicht nur: Was stresst mich, sondern warum bedeutet diese oder jene Situation mit ihrer Anforderung Stress für mich?

Vom Risikofaktor zum Stress

Life events, Arbeitsstress, Alltagsbelastungen – im letzten Kapitel haben wir versucht, Risikofaktoren für Stress aufzulisten. Klar: Unmittelbar einleuchtend ist, dass Umweltbelastungen, also schädliche physikalische, chemische, biologische Reize Stress auslösen können. In der Produktionshalle sind dies etwa grelles Licht, Lärm und verschiedenste Schadstoffe. Im Büro sind es ebenfalls Lärm und ein von der zu kalt oder zu warm eingestellten Klimaanlage verursachtes unangenehmes Raumklima, die schlechte Luft und vieles mehr. Das sind wohl sogar objektiv messbare Störfaktoren. Aber schon bei der Temperatur wird es schwierig. Wer kennt nicht die Diskussionen um ein oder zwei Grad mehr oder weniger als angenehme Raumtemperatur oder die Auseinandersetzungen um das Öffnen oder Schließen des Fensters?

Und wie sieht es mit den psychosozialen Risikofaktoren aus? Mit erhöhter Wahrscheinlichkeit bedeuten die großen einschneidenden Lebensereignisse Stress. Der Tod des Ehepartners, eine Scheidung, Kündigung ... wer würde darauf nicht mit Stress reagieren?! Auch wer über den Stresswert einzelner Alltagssorgen und -belastungen nachdenkt, wird erst einmal bestätigen: Eindeutig bedeutet auf dem Weg zur Arbeit der Bus, der wieder nicht kommt oder total überfüllt ist, Stress. Keine Frage auch, dass die Windpocken des Kindes stressen, die gerade dann kommen, wenn ein wichtiges Meeting ansteht, oder die viel zu lange To-do-Liste, die bis morgen abgearbeitet werden muss.

Aber: Warum nur sieht Frau B. morgens, wenn sie ihren Sohn in der Kita abgibt, immer so energiegeladen aus? Und ich bin schon fix und fertig, wenn Moritz endlich mit der Erzieherin verschwunden ist und ich daran denke, was heute wieder auf meinem Schreibtisch liegt?!

Die Ähnlichkeit mit lebenden Personen ist beabsichtigt:

Verkehrsmeldung: Stau auf der Autobahn.

Herr A. ist auf dem Weg zu einem wichtigen Meeting, zu dem er auf keinen Fall zu spät kommen darf. Aber wenn dieses Stopp and Go so weitergeht, kann er den Termin gleich vergessen! Er hätte doch eine Stunde früher losfahren sollen. Jetzt kommt auch noch die Aufforderung an Ortskundige, den Stau möglichst großräumig zu umfahren. Das kann doch nicht wahr sein! Ja, da ist eine Ausfahrt. Herr A. hat zwar keine Ahnung, wo er sich gerade befindet. Aber nichts kann schlimmer sein, als dieses „im Stau Stecken", nicht vorwärts Kommen. Kapiert denn das Navi nicht, dass er n i c h t auf der A9 bleiben will, sondern die Umfahrung sucht, die natürlich nicht ausgeschildert ist?! Inzwischen ist er schweißgebadet, weil diese blöde Stimme – das Navi – ihn immer und immer wieder zum „Wenden, wenn möglich" auffordert. Aber endlich hat „sie" es kapiert. Gut! Schon allein zu wissen, dass man wieder auf einem richtigen Weg ist und vorwärts kommt, ist beruhigend. Außerdem hat er jetzt doch noch eine Chance, pünktlich anzukommen ...

Frau B. ist auf derselben Autobahn ebenfalls zu diesem wichtigen Termin unterwegs. Auch sie hört die Verkehrsmeldung. Jetzt geht es nur noch im Schritttempo vorwärts. Sie merkt eine leichte Unruhe. Zu spät kommen – das geht gar nicht. Aber was will man machen? Sie lehnt sich zurück. Ewig kann der Stau ja nicht dauern. Und wenn sie zu spät kommt? Vielleicht ist es sowieso besser, wenn sie ihren Chef in der Mittagspause auf ihr Projekt anspricht – in aller Ruhe und nicht im Beisein der Kollegen. Während sie einen anderen Sender sucht, der bessere Musik bringt, geht sie noch einmal die wichtigsten Punkte durch, an denen sie in den letzten Wochen gearbeitet hat und deren Ergebnisse sie heute auf jeden Fall darstellen will. Aber vielleicht sollte sie doch vorsichtshalber anrufen, dass sie möglicherweise ein wenig zu spät kommt. Jetzt kommt tatsächlich ihr Lieblingslied ...

Eine typische „Stresssituation" und zwei Geschichten, die zeigen, worauf wir hinauswollen. Aber noch einmal genauer:

Ich bin belastet

Haben Sie die Liste der Alltagsbelastungen (siehe Seite 58) noch vor Augen? Diesem „Alltagsbelastungsfragebogen", der als Stresstest in der medizinischen Wissenschaft und im Gesundheitswesen eingesetzt wird, um die aktuelle Stressbelastung einer Person zu messen, ist eine detaillierte Arbeitsanweisung vorangestellt:

„Nachfolgend finden Sie eine Aufzählung von möglichen alltäglichen Situationen und daneben eine Skala, auf der Sie einschätzen können, wie sehr Sie dieses Ereignis belastet hat. Mit diesem Fragebogen soll herausgefunden werden, wie sehr Sie heute unter Stress standen. Am besten füllen Sie den Stressfragebogen am Abend vor dem Zubettgehen aus. Bitte lassen Sie kein Ereignis aus."

Sie können dann pro Ereignis 0 bis 7 Punkte vergeben: 0 Punkte, wenn das Ereignis nicht aufgetreten ist, 1 Punkt, wenn es zwar aufgetreten ist, Sie aber nicht belastet hat, 2 Punkte, wenn es Sie sehr wenig belastet hat usw. Die Höchstpunktzahl 7 vergeben Sie, wenn es unerträglich war.

Warum? Nicht alle der aufgeführten „Belastungen" belasten jeden von uns gleich stark. Verschiedene Menschen können auf ein und dasselbe Ereignis durchaus ganz unterschiedlich reagieren. Das gilt natürlich nicht nur bei den Alltagssorgen. Auch die großen Lebensereignisse bedeuten nicht für jeden gleich viel Stress. Dies nicht berücksichtigt zu haben, ist eine wesentliche Kritik an der Social Readjustment Rating Scale (SRRS) von Holmes und Rahe (siehe Seite 54). „Wahrscheinlich" stresst der Tod eines nahen Freundes (37 Stresspunkte) mehr als „Ärger mit den Schwiegereltern" (29 Stresspunkte), eine Entlassung (47 Stresspunkte) mehr als die Änderung der Arbeitsbedingungen (20 Stresspunkte), eine neue Wohnung oder ein neuer Wohnort (ebenfalls 20 Stresspunkte) mehr als ... Aber da wird es schon schwierig. Ist eine objektive vergleichende Gewichtung von Stressauslösern überhaupt möglich?

Stellen Sie sich zwei Familien vor, die umziehen: Familie A. zieht aus einer Gegend, in der sie sozial isoliert war, in eine größere Wohnung, die sie sich jetzt leisten kann, weil Herr und Frau A. beruflich erfolgreich sind. Familie B. dagegen muss ihre Wohnung, in der sie seit Jahren gewohnt hat, und damit auch die netten Nachbarn, die Schule der Kinder, den liebevoll bepflanzten Balkon und so weiter verlassen und in eine ungeliebte Gegend ziehen, weil die Wohnung den Eigentümer gewechselt und der nun Eigenbedarf angemeldet hat. Ob diese zwei Familien dem Lebensereignis „neue Wohnung" dieselben Punkte vergeben?

Oder die Trennung vom Ehepartner: Vergäbe der, der verlässt, dieselbe Punktzahl wie der, der verlassen wird? Sogar das „Stressgewicht", das der Tod des Ehepartners bedeutet, ist nicht für alle Witwen/Witwer gleich. Eine selbstständige, finanziell abgesicherte Witwe mit zahlreichen Freundinnen wird wohl weniger Anpassungsdruck und damit Stress erleben als ein Witwer, der sich bisher aus den Anforderungen des Alltags und Haushalts heraushalten konnte, dem auch die Organisa-

INFO   60 Dezibel = 60 Dezibel?

Erst kürzlich zeigte eine Schweizer Studie: Wenn jemand zehn Jahre oder länger einer Dauerbelastung von mehr als 60 Dezibel (Dezibel ist die Maßeinheit für Lärm) ausgesetzt ist, so steigt sein Herzinfarktrisiko um 30 Prozent. Die Stresswirkung des Lärms lässt sich also direkt in Beziehung zur physikalischen Größe setzen: 60 Dezibel = 60 Dezibel! Klar, physikalisch stimmt die Gleichung. Aber psychologisch nicht: Denn wie stark der Stress ist, den diese 60 Dezibel auslösen, hängt ganz stark von der Bewertung ab. Zwar reagiert der Körper auf jegliche Art von Lärm. Wird dieser aber als negativ erlebt, ist die Stressreaktion weit ausgeprägter. Stellen Sie sich vor Sie wohnen in der Nähe eines Flughafens: Der Lärm der Maschinen ist unerträglich, raubt Ihnen den Schlaf und den letzten Nerv. Befinden Sie sich jedoch auf dem Flughafen, um gleich in den Urlaub abzuheben, hört sich der Fluglärm ganz anders an, und entsprechend anders reagieren Ihr Körper und Ihre Psyche auf die objektiv messbaren Dezibel, die Ihr Ohr in Mitleidenschaft ziehen.

tion der persönlichen Kontakte von seiner Frau abgenommen wurde und der deshalb nach dem Tod seiner Frau auf kein „soziales Netzwerk" zurückgreifen kann.

Deshalb sind schon bald nach Holmes' und Rahes erster Liste auch in der Life-Event-Forschung neue Skalen entwickelt worden. In diesen finden Sie den einzelnen Ereignissen keine „objektiven" Stresspunkte zugeordnet. Vielmehr heißt auch hier die Arbeitsanweisung zum Beispiel: Kreuzen Sie die Ereignisse an, die Sie in den letzten zwei Jahren erlebt haben, und gewichten Sie das einzelne Ereignis auf einer Skala von 1 bis 10: wie stark hat es Sie belastet?

Mein Stress gehört mir

Menschen unterscheiden sich in Alter und Geschlecht, in ihren Anlagen, ihrer Biografie, ihrem sozialen Status, ihren finanziellen Möglichkeiten, der aktuellen körperlichen und seelischen Verfassung, ihren menschlichen Beziehungen und Bindungen, ihren Zielen und Werten.

Deshalb löst nicht jeder „negative Reiz" bei jedem und in jeder Situation den gleichen Stress aus. Wir müssen uns also nicht nur fragen: Was macht ein Ereignis, einen „neutralen Reiz" zum Stressauslöser, sondern warum bedeutet diese oder jene Anforderung Stress für mich?

Als einer der Ersten und bis heute der Einflussreichsten, die sich mit dieser Frage beschäftigt haben, gilt der amerikanische Psychologe Richard S. Lazarus, einer der Begründer der „kognitiven Emotionstheorie". Die Frage, die ihn und seine Kollegen umtrieb, war, warum Menschen so unterschiedlich auf dieselben „stressigen" Reize reagieren.

Lazarus und seine Kollegen haben damit in der zweiten Hälfte des 20. Jahrhunderts ein neues Kapitel aufgeschlagen: die psychologische Stressforschung. Ihr Ziel ist es bis heute, zu erklären, warum ein und dasselbe Ereignis bei dem einen Menschen Stress auslöst und beim anderen nicht und warum verschiedene Menschen angesichts gleicher Anforderungen so unterschiedlich intensiv und unterschiedlich lange „gestresst" sind. Ihr Ergebnis: Es sind nicht allein oder vorrangig objektive Stressoren, die für unseren Stress verantwortlich sind. Sie werden zu Stressoren, weil wir sie als solche erleben.

Bewertungen

„Es sind nicht die Dinge oder Ereignisse an sich, die uns beunruhigen, sondern die Einstellungen und Meinungen, die wir zu den Dingen haben." Dieser Satz des Philosophen Epiktet, der im 1. Jahrhundert nach Christus lebte, hat seitdem nichts an seiner Bedeutung eingebüßt. Auch für Lazarus ist es vor allem unsere Einschätzung – er nennt es Bewertung –, die darüber entscheidet, ob wir auf einen „Reiz" mit Stress reagieren. Wir nehmen einen Reiz wahr, geraten gewissermaßen in Hab-Acht-Stellung, und dann? Wir bewerten das, was wir wahrgenommen haben. Wir klären blitzschnell und automatisch: Was passiert gerade? Hat das, was da auf mich zukommt, für mich eine Bedeutung? Erfordert es eine Reaktion? Etwas, das keine Bedeutung für mich hat, worauf ich nicht reagieren muss, löst keinen Stress aus. Wieso auch?

Aber wenn ja? Bin ich in Gefahr, weil etwas passiert ist, etwas gerade passiert oder etwas passieren wird, was mich in meinem körperlichen und seelischen Gleichgewicht und damit in meinem Wohlergehen bedroht? Wenn ja, dann muss ich reagieren. Die Stressreaktion läuft an.

Aus der Theorie in den Alltag

Kurz vor Feierabend. Ihr Chef tritt an Ihren Schreibtisch und sagt: „Frau Müller, ich habe hier noch ein Telefonat mit dem Kunden XY. Eigentlich gehört das in den Bereich von Herrn K. Aber Sie wissen ja, er ist manchmal gerade mit schwierigen Kunden nicht sehr geschickt. Ich traue Ihnen da viel mehr zu. Ob Sie das nicht noch heute erledigen könnten? Ich kann mich doch auf Sie verlassen?"

Was ist das nun für Sie: Der „Reiz", die „Gefahr" ist klar. Und Ihre Bewertung?

(1) „Okay, alles Routine."

(2) „Mist, ich bin doch gleich mit Kai verabredet. Das kann ich vergessen. Da hat der Chef mir mal wieder alles verdorben!"

(3) „Der überschätzt mich total. Wenn der wüsste, wie sehr ich solche schwierigen Kunden hasse, weil ich denen nicht gewachsen bin. Wenn ich das nicht schaffe, werde ich keinen unbefristeten Vertrag kriegen..."

(4) „Endlich hat er meine Fähigkeiten erkannt! Das packe ich! Ob ich vielleicht nächsten Monat doch den Antrag auf Versetzung in die andere Abteilung abschicke?"

... und wieder zurück zur Theorie

Angesichts einer „Gefahr" fragen wir uns ganz automatisch: Wie stark bin ich? Ob ich bei einem als stressrelevant eingeschätzten Reiz wirklich in (Di-)Stress gerate, hängt also von einer zweiten „Bewertung" ab. Wie bewerte ich meine Möglichkeiten, die Gefahr abzuwenden, sie zu bewältigen? Habe ich genügend Ressourcen – wie es Lazarus und seine Mitarbeiter nennen?

Was sind solche Ressourcen, Kraftquellen? Wir können zum Beispiel auf unsere Gesundheit bauen, auf unser hilfreiches soziales Netz, unsere finanziellen Möglichkeiten, unsere erlernten fachlichen, emotionalen und sozialen Fertigkeiten, aber auch auf unsere Veranlagung und unsere Erfahrungen. Sie machen unsere Belastbarkeit (siehe Seite 61) aus.

In unserem „Alltagsbeispiel" wären mögliche Ressourcen: „Das schaffe ich mit links" (das Vertrauen in die eigene Fähigkeit) oder: „Kai wird sicher einen Moment warten und mir vielleicht sogar gratulieren, dass der Chef mir das zutraut. Ich schreibe ihm gleich eine SMS" (soziale Unterstützung) oder: „Ob in den Unterlagen Genaueres über die Vorstellungen des Kunden steht? Ich kann die ja gleich durchgehen." (Kompetenz)

Beide Bewertungsprozesse laufen meist blitzschnell ab, automatisch und ohne dass wir uns dessen bewusst sind. Und sie beeinflussen sich wechselseitig. Ein Stressor wird also zum Stressor durch unsere Bewertung, und zwar dann, wenn ich zum Schluss gekommen bin:

(1) Ich bin in meinem körperlich-seelischen Gleichgewicht gestört, bedroht, gefährdet oder habe einen Schaden oder Verlust erlitten.

(2) Mir fehlen – momentan – die Fähigkeiten, Mittel und Kräfte, damit fertig zu werden.

(3) Stelle ich aber bei genauerer Betrachtung fest, dass ich mit einem Problem ganz gut klarkommen werde, ist es schon weniger problematisch... nein: kann ich es schon als weniger problematisch für mich bewerten. Vielleicht ist es sogar schon zu einer spannenden Herausforderung geworden. Also: Kein Stress!

Aus dem Gleichgewicht?

Zwei Aspekte – Betrachtungen/Bewertungen – spielen bei der Stressentstehung eine Rolle: Wie schätze ich die Situation ein? Und wie schätze ich mich und meine Ressourcen ein?

Die eine der beiden Bewertungen bezieht sich vornehmlich auf den „negativen Reiz". Dieser kann durchaus auch in mir sein: eine körperliche oder seelische Krankheit, eine negative Stimmung oder Gemütslage wie Angst, Trauer oder Wut, zu hoch gesteckte Ansprüche, Ziele und Ideale, quälende Erinnerungen und vieles mehr. Die andere betrifft meine Ressourcen, also die Quellen, aus denen ich die Kraft schöpfen kann, mit dieser negativen Umwelt zurechtzukommen.

Ich gerate in Stress mit all seinen körperlichen Folgen, wenn sich für mich „in meiner Bewertung" die Soll-Seite (die Herausforderung, die Bedrohung , mit denen ich mich konfrontiert sehe) als „schwerer" darstellt als die Haben-Seite (meine Fähigkeiten und Ressourcen).

Meine Reaktion auf Stress

Frau K. *pflegt ihren an Alzheimer erkrankten Mann. Sie ist erschöpft, kann nicht mehr. Ihr Hausarzt rät ihr zu einer Kur und schlägt eine vorübergehende stationäre Kurzzeitpflege für ihren Mann vor. Frau K. quält sich. Kann sie ihren Mann wirklich im Stich lassen? Dann der Einfall: Ich kann doch die Kinder bitten, für diese Zeit, die Pflege des Vaters zu übernehmen.*

Oder: Herr H. *sitzt am Schreibtisch in seiner Firma an der Überarbeitung einer Powerpoint-Präsentation. Die Tür steht offen. Immer mal wieder schaut einer herein, fragt etwas, will etwas. Herr H. kommt mit seiner Arbeit nicht voran, wird ärgerlich, würde am liebsten die Tür schließen. Aber wie sähe das denn aus? Dann klingelt zum x-ten Mal das Telefon. Herr H. nimmt den Hörer ab und brüllt hinein: Was ist denn jetzt schon wieder?! Dummerweise war der Anrufer der derzeit einflussreichste und wichtigste Kunde.*

Oder: Es geht das Gerücht um, dass Ihre Firma den hiesigen Standort schließen wird. Ihre Kolleginnen und Kollegen reagieren völlig unterschiedlich: Herr N. *macht weiter wie bisher, lacht die aus, die sich Sorgen machen. Was, uns kündigen?! Das können die nicht!* Frau K. *kann nicht mehr schlafen, grübelt und grübelt: Was wird aus mir? Mit meinen 55 Jahren will mich doch keiner mehr! Wie soll ich von Hartz IV die Miete bezahlen?!* Frau G. *war schon beim Jobcenter. Vielleicht ist es besser, schon jetzt etwas anderes zu suchen? Wenn nachher alle suchen, habe ich viel weniger Chancen.* Herr M.

sagt sich: Dürfen die denn betriebsbedingt kündigen? Die müssen doch dann eine Abfindung bezahlen, oder? Und er erkundigt sich bei seiner Gewerkschaft.

Oder: Sie stehen auf dem Bahnsteig. Neben Ihnen zwei Herren in typischem Business-Look. Jetzt eine Durchsage: Der ICE, auf den Sie warten, wird „voraussichtlich 30 Minuten später" eintreffen. Sie beobachten: Der eine Herr gerät sichtlich in Wut, muss wohl seinen Ärger loswerden und geht den Zugbegleiter an, der gerade vorbeigeht. Auch der andere Herr wirkt plötzlich sehr angespannt, schaut auf die Uhr, atmet tief durch und verlässt dann den Bahnsteig Richtung Halle. Ob er dort einen Kaffee trinkt?

Und wie gehen Sie mit Ihrem Stress um? Was machen Sie, um mit ihm fertig zu werden, klar- oder zurechtzukommen, ihn zu bewältigen?

Coping: Ich versuche klarzukommen

Noch ein Begriff, auf den Sie immer wieder stoßen werden: „Coping". Im Englischen bedeutet „to cope" (ausgesprochen wie englisch code, der Kode, nur mit p statt mit d) so etwas wie „mit etwas zurechtkommen", „mit etwas fertig werden", „etwas gewachsen sein", „etwas meistern" oder „bewältigen". Wenn Psychologen den Begriff Stress-Coping verwenden, geht es also darum, was Menschen im Stress unter-

INFO **Mit Stress klarkommen**

Im Stress bemühen wir uns,
- stressende Ereignisse oder Situationen für uns erträglich zu machen, sie zu akzeptieren oder uns ihnen anzupassen,
- ihre negativen Auswirkungen auf uns zu beseitigen oder zumindest zu reduzieren,
- uns von ihnen zu erholen,

weil wir
- unser körperliches und emotionales Gleichgewicht wiederherstellen,
- unser positives Selbstbild aufrechterhalten und
- befriedigende Beziehungen zu anderen Personen fortsetzen und sichern wollen.

nehmen, um damit zurechtzukommen. Oder besser, was sie tun, um seine (negativen) Stressfolgen zu mildern, abzuändern, zu vermeiden oder zu beenden. Coping ist denn auch ein Sammelbegriff für alle Bemühungen, die Menschen bei der Konfrontation mit für sie bedrohlichen oder belastenden Situationen unternehmen mit dem Ziel, der Anforderung gerecht zu werden und ihr inneres Gleichgewicht zu sichern oder wiederherzustellen. Ob wir damit den Stress bewältigen können oder nicht, hängt von der Wahl unserer Strategien ab. Es gibt hilfreiche und weniger hilfreiche, erfolgreiche und erfolglose Strategien. Manche sind wirkungsvolle Stressbewältigung, andere bleiben nur ein „Bemühen".

In aller Kürze: Stressbewältigung oder Dauerstress?

Wenn wir zu dem Schluss kommen, dass
- wir in unserem Wohlbefinden in irgendeiner Weise gefährdet oder geschädigt sind, und
- wir auch nicht genügend Kraftquellen haben, dies zu verhindern oder zu bewältigen,
- geraten wir in Stress und
- suchen nach Möglichkeiten, mit diesem zurechtzukommen.

Wenn uns dies nicht gelingt, dann sind wir im (Dauer-)Stress.

Die Stresskonstellation

Wir müssen das einfache Grundmodell „hier Stressor, dort Stress" also zum zweiten Mal verändern. Zum Stress gehören immer fünf Faktoren:

A Die **von mir als bedrohlich eingeschätzte** Situation: Schicksalsschläge, Lebensereignisse, Alltagsbelastungen, Erwartungen an mich selbst, Sorgen, Ängste – kurz: Anforderungen und Herausforderungen, Belastungen und Fehlbelastungen

B Meine **von mir wahrgenommenen** oder nicht wahrgenommenen Möglichkeiten, Kompetenzen, sozialen Netzwerke, um der Bedrohung zu begegnen

C Meine **Bewertung** des Ungleichgewichts zugunsten des Stressors, die

D meine **Stressreaktion** auslöst, und

E meine **Strategien**, mit dieser Reaktion umzugehen – mein Coping.

Alle diese Faktoren wirken aber auch aufeinander ein, verändern sich gegenseitig. Weder **A** noch **B** noch **C** noch **D** sind „schuld" an meinem Stress. Es ist ihre Beziehung, ihre Konstellation, die für mich eine Situation zum Stress macht. Und ich stehe mittendrin: Folgt aus meiner Einschätzung: „Ich schaffe das nicht!", gerate ich in Stress. Und ob und wie lange ich „im Stress" **F** bleibe, hängt von meinen Strategien **E** ab, damit umzugehen.

An dieser Konstellation müssen wir ansetzen, indem wir sie verändern. Wie wir das tun können, erfahren Sie im zweiten Teil des Buches ab Seite 111.

verschiedenen „strukturprägenden" Phasen. Abhängig von den Erfahrungen, die ein Mensch in dieser oder jener Phase gemacht hat, entsteht danach im Lauf seiner Entwicklung seine ganz bestimmte Persönlichkeit mit spezifischen Bedürfnissen, Konflikten, Ängsten und Charaktereigenschaften und daraus folgend: mit seiner „charakteristischen" Empfindlichkeit gegenüber ganz bestimmten Stressreizen.

Mein persönlicher Stress entsteht also dann,

- wenn genau meine mir wichtigen Bedürfnisse bedroht sind,
- meine Grundangst ausgelöst wird,
- meine alten Narben „aufgekratzt" werden,
- ich in alte Konflikte gerate und ich deshalb
- aufgrund meiner Geschichte nicht der aktuellen Situation entsprechend reagieren kann, sondern immer „wie damals" in Stress gerate.

Auch meine Copingstile und Anpassungsmechanismen (siehe „Ich mache mir Stress", Seite 69) sind Teil meiner Persönlichkeit. Sie heißen in dieser Theorie im Übrigen Abwehrmechanismen und dienen dazu, mein psychisches Gleichgewicht zu erhalten oder möglichst schnell wiederherzustellen. Ich verleugne, ich verdränge, ich denke, fühle, tue das Gegenteil, ich intellektualisiere, ich rechtfertige, ich schiebe anderen die Schuld in die Schuhe... Alles wirksame Möglichkeiten, mit Stress fertig zu werden – es sei denn, der Stress wird zu groß.

„Big Five" – Charaktereigenschaften und Stress

Einflussreicher in der psychologischen Stressforschung sind heute Persönlichkeitstheorien, die auf andere Weise versuchen, Ordnung in die riesige Menge menschlicher Eigenschaften zu bringen. Sie haben Eigenschaften, die für Menschen „typisch" sein können, in Gruppen überdauernder Merkmale (Traits) zusammengefasst, um Charakterisierungen aller Personen zu erstellen. Als tragfähigstes und aussagekräftigstes gilt aktuell das so genannte Fünf-Faktoren-Modell (FFM) der Persönlichkeit, das Sie so oder ähnlich auch unter dem Begriff „Big Five" in den einschlägigen Stressbüchern und im Internet (wir kommen auf Seite 184 noch darauf zurück) finden können. Wie der Name schon sagt, beinhaltet dieses Persönlichkeitsmodell fünf Faktoren oder Dimensionen, mit denen versucht wird, ein umfassendes Persönlichkeitsprofil zu zeichnen:

1. **Extraversion gegenüber Introversion:** Bin ich eher gesellig, selbstsicher, gesprächig oder eher in mich gekehrt, zurückgezogen und zurückhaltend, dabei sensibel für zwischenmenschliche „Schwingungen"?

2. **„Neurotizismus" (weniger missverständlich: emotionale Labilität) gegenüber emotionaler Stabilität:** Bin ich eher gelassen, unaufgeregt, mit großem Selbstvertrauen in mir ruhend oder bin ich dünnhäutig, gerate schnell aus dem emotionalen Gleichgewicht, mache mir ständig Sorgen, habe Angst, bin oft unsicher, gereizt oder traurig?

3. **Offenheit für neue Erfahrungen gegenüber Konventionalität:** Bin ich eher wissbegierig, experimentierfreudig und kreativ oder bleibe ich lieber bei Bewährtem, Bekanntem?

4. **Gewissenhaftigkeit gegenüber Nachlässigkeit:** Bin ich eher pflichtbewusst, diszipliniert und zuverlässig oder locker, ungenau und unberechenbar?

5. **Verträglichkeit gegenüber Rücksichtslosigkeit:** Bin ich eher hilfsbereit und nachgiebig oder eher misstrauisch und auf meinen Vorteil bedacht?

Tatsächlich scheinen diese fünf Faktoren (manche nennen sogar nur drei zentrale) auszureichen, um Unterschiede zwischen Menschen im Wesentlichen zutreffend zu beschreiben. Das FFM hat sich deshalb in verschiedenen Variationen inzwischen gegenüber anderen Persönlichkeitsmodellen durchgesetzt, weil es Aussagen darüber erlaubt, wie die betreffende Person in einer bestimmten Situation oder eben auf eine bestimmte Herausforderung wahrscheinlich eher reagieren wird.

Welcher Faktor macht mich stressanfällig?

Für die Frage nach einer bestimmten Stresspersönlichkeit oder nach einem „Risikoprofil" haben sich aber nicht alle dieser Faktoren als gleich entscheidend herausgestellt. Unmittelbar einleuchtend ist, dass „Neurotizismus" in engem Zusammenhang mit Stressanfälligkeit steht. Wer grundsätzlich schon eher dazu neigt, sich Sorgen zu machen, wer das Leben eher pessimistisch als optimistisch angeht, wer eine dünne Haut hat und leicht reizbar und frustriert ist, wird natürlich auf besondere Herausforderungen eher gestresst als unbesorgt, entspannt reagieren.

Aussagekräftig in Bezug auf Stressanfälligkeit ist auch der Bereich: „Offenheit für neue Erfahrungen": Für Menschen, die durch Veränderungen, Neues leicht verunsichert werden, also niedrige Werte in diesem Bereich haben, werden Ereignisse, Situationen zur Bedrohung, die andere noch als spannende Herausforderungen bewerten können.

Auch introvertierte Menschen haben es aufgrund ihrer Sensibilität und Feinfühligkeit im Umgang mit anderen Menschen schwerer. Schon ein normaler Arbeitsalltag im Büro mit Teamsitzungen, Kaffeepause, Unterhaltung, Diskussion oder Auseinandersetzungen mit Kollegen kann für sie zum Stress werden. Das heißt dann auch, dass sie größere Probleme haben, einfach auf andere zuzugehen und um Hilfe zu bitten, also soziale Ressourcen, Unterstützung durch andere, zu aktivieren.

Offensichtlich ist auch ein Zusammenhang zwischen „Un-Verträglichkeit" und Stress – vor allem, wenn man diese unter dem Aspekt der so wichtigen Ressource soziale Unterstützung ansieht. „Unverträgliche" Menschen vertragen sich nicht so leicht mit anderen, haben weniger Freunde und somit auch weniger „soziale Unterstützung" im Stress.

INFO **Wie bin ich denn?**

Wollen Sie sich einmal testen? Sie finden im Internet eine Vielzahl dieser so genannten „Big Five"-Tests, sei es in Kurzfassungen oder Weiterentwicklungen. Einer davon ist der B5T von Dr. Lars Satow. Er wird im deutschsprachigen Raum sehr häufig eingesetzt. Dabei geht es anhand vieler konkreter Fragen ganz allgemein darum, ob man sich oder einen anderen als eher

- introvertiert oder extrovertiert
- emotional stabil oder instabil
- konventionell oder offen für neue Erfahrungen
- ungewissenhaft oder gewissenhaft
- unverträglich oder verträglich einschätzt.

Zusätzlich zu den „Großen 5"-Dimensionen enthält dieser Test im Übrigen auch Fragen, die Ihr „Bedürfnis nach Anerkennung und Leistung", Ihr „Bedürfnis nach Einfluss und Macht" und Ihr „Bedürfnis nach Sicherheit und Ruhe" testen. Alle drei haben sehr viel mit der Frage zu tun: In welcher Situation gerate ich in Stress?

Also wenn Sie mögen: Testen Sie sich zum Beispiel online:
Den B5T von Dr. Satow finden Sie unter www.psychomeda.de/online-tests/persoenlichkeitstest.html

Persönlichkeit und Anforderung

Haben Sie sich getestet? Und wie sind Ihre Werte bei:

1. Extraversion

niedrig: zurückhaltend, ruhig, gerne allein, reserviert

hoch: aktiv, gesellig, gesprächig, heiter, positive Emotionen zeigend

2. Offenheit für neue Erfahrungen

niedrig: konventionell, bodenständig, sachlich, realistisch, konservativ

hoch: phantasievoll, offen für Neues, vielfältig interessiert, intellektuell, unkonventionell

3. Verträglichkeit

niedrig: kritisch, wetteifernd, konfrontierend, misstrauisch, unsentimental

hoch: kooperativ, einfühlsam, hilfsbereit, nachgiebig, gutmütig

4. Gewissenhaftigkeit

niedrig: locker, unbeständig, unzuverlässig, unordentlich

hoch: zielstrebig, organisiert, diszipliniert, ordentlich, pedantisch, zuverlässig

5. Emotionale Instabilität (Neurotizismus)

niedrig: ausgeglichen, entspannt, sorgenfrei, ruhig

hoch: ängstlich, nervös, besorgt, emotional unstabil

Noch einmal: Fit oder Mis-fit

Vielleicht sind Sie einem solchen Test sogar schon einmal bei einer Berufsberatung oder in einer Bewerbungssituation begegnet. Da kann er – sinnvoll interpretiert – auch angebracht sein: Menschen, die eher zur Gewissenhaftigkeit neigen, können mit der beruflichen Anforderung, genau, pünktlich, ordentlich und gewissenhaft zu sein, sicher besser leben als solche, die eigentlich eher locker oder gar nachlässig sind und gerne mal fünfe gerade sein lassen. Diese werden sich in einer Situation, in der es auf Genauigkeit, Zuverlässigkeit und Pflichtbewusstsein ankommt, unwohl und überfordert fühlen. Zu ihnen passt möglicherweise besser eine berufliche Situation, bei der der große Wurf gefragt ist und nicht das Klein-Klein.

Oder: Stellen Sie sich einen ungeselligen, introvertierten Verkäufer vor! Kann das gutgehen? Oder versetzen Sie sich in die Lage einer Angestellten in einer Steuerkanzlei, die eigentlich „vom Typ her" immer auf der Suche nach neuen Herausforderungen ist und Langeweile tödlich findet, von der aber verlangt wird, Tag für Tag die Steuererklärungen der Klienten durchzurechnen. Passt das zusammen?

Das heißt: Wenn ich (mit meiner Persönlichkeit und meinen Eigenschaften) und die berufliche Anforderung gar nicht zusammenpassen, ist Stress programmiert. Dieses Nichtpassen wird auch im Stressreport 2012 immer wieder hervorgehoben. Auch das gehört zum Problem des „Anforderungsfits", von dem im Kapitel „Was macht mir Stress?" die Rede war. Ein solcher Mis-fit ist nicht nur in der Arbeitswelt die beste Voraussetzung, in Stress zu geraten (siehe Seite 60).

Schwarzseher

Es gibt Menschen, die überall und in jeder Situation Stressgefahr entdecken. Sie scheinen dafür geradezu mit besonders sensiblen Messinstrumenten ausgestattet. Bei einigen von ihnen gehört eine allgemeine Sensibilität gegenüber Reizen sicher zur genetischen Grundausstattung. Sie sind einfach empfindlicher als andere. Sie nehmen Reize stärker wahr und reagieren heftiger auf sie. Wahrscheinlich gehörten sie schon als Baby zu denen, die sich bei leisesten Geräuschen oder Lageveränderungen „aufregen", und nicht zu den eher phlegmatischen, die sich durch nichts aus der Ruhe bringen lassen. Geräusche, Licht, Gerüche, Wärme, Kälte, Veränderungen in Rhythmus und Routine, Neues und Unerwartetes – auch heute stresst sie alles mehr als ihren Partner, ihre Kollegen, Freunde, Nachbarn, kurz als den Rest der Welt mit dickerem Fell.

Ein weiteres Handicap: Abschalten fällt solchen sensiblen Menschen schwer. Alle Kanäle sind immer auf Empfang. Hier helfen Entspannungstechniken (siehe Kapitel „Stress lass nach!", Seite 111), eine „reizreduzierte" Alltagsgestaltung (siehe Kapitel „Das Anti-Stress-Konzept", Seite 157) und Konzentrationsübungen, bei denen sie lernen, vorübergehend einen oder auch mehrere Kanäle nach außen abzuschalten.

Anders ist dies bei den Menschen, die nicht einfach reizempfindlich sind, sondern deren Empfindlichkeit für Stressreize auf einer negativen Auswahl in der Reizwahrnehmung beruht. Eine solche selektive Wahrnehmung für „Gefahr" ist – so kann man annehmen – durch viele negative Vorerfahrungen geschult. Es ist die Erfahrung, immer auf der Hut sein zu müssen, um nicht Schaden zu erleiden, die solche „sekundären" Stress-Seismographen nur die negativen Aspekte einer Situation sehen, hören, spüren, registrieren lässt. Sie leben in einer gefährlichen Welt, weil sie ihre Aufmerksamkeit ständig auf negative Reize ausrichten.

Sekundäre Stress-Seismographen neigen leider auch dazu, bei dem Gefährlichen, das sie zu registrieren „ausgewählt" haben, stehen zu bleiben. Sie konzentrieren sich geradezu darauf, was in einer Situation schlecht, falsch, negativ, gefährlich ist. Ständig sind sie gedanklich damit beschäftigt. Das Negative wird zu einem Brett vor dem Kopf, das sie daran hindert, auch neutrale oder vielleicht sogar gute Aspekte in den Blick zu bekommen. Darin gleichen sie den Pessimisten.

Halb voll oder halb leer?

Sicher kennen Sie das Bild vom halb vollen (oder halb leeren?!) Glas des Kommunikationswissenschaftlers Paul Watzlawick. Als Beispiel für zwei völlig verschiedene Bewertungen ein und derselben Situation wird es immer wieder zur Veranschaulichung von stressverstärkenden Einstellungen zitiert. Was damit ausgedrückt werden soll: Ob ein Glas halb voll oder halb leer ist, hängt ausschließlich vom Betrachter ab – ein Optimist wird es als halbvoll betrachten (außer ihm schmeckt der Inhalt nicht), ein Pessimist als halbleer und, wenn er durstig ist, deshalb in Stress geraten. Sein Stress ist also im Grunde eine Weltanschauungssache.

Ja, Optimisten und Pessimisten sehen die Welt durch ihre jeweilige Brille. Das hat nicht nur Auswirkungen für die Gegenwart. Optimismus kann ganz allgemein definiert werden als die Grundeinstellung, dass die Zukunft wenn nicht „bestens" (optimus = lat. der beste), doch zumindest gut sein wird, während Pessimismus die Einstellung bezeichnet, dass alles schlecht, schlechter oder gar am schlechtesten (pessimus lat. der schlechteste) werden wird. Wenn wir alles, was uns widerfährt, durch die Pessimistenbrille betrachten (müssen), kann jede Herausforderung zur Bedrohung werden. Wir bewerten unsere Möglichkeiten, Fähigkeiten, Ressourcen als zu klein und die Herausforderung als zu groß. Und unser Bewältigungsversuch, unser Coping, wird sowieso zu nichts führen! So wird Pessimismus zu einem der größten Stressverstärker.

Aber Vorsicht! Notorische Optimisten sind vor Stress nicht gefeit. Wer vor lauter Optimismus die Realität ausblendet, gerät leicht in Gefahr, sich, seine Kräfte, sein Wissen, sein Können und seine Einflussmöglich-keiten zu überschätzen. Wenn er dann von der Realität eingeholt wird, kann er möglicherweise nicht auf die Ressourcen zurückgreifen, die er bräuchte, um mit dieser Realität richtig umzugehen. Falls er kein Traum-tänzer ist, wird er dann zu einer Bewertung kommen, die ihm das leider nur zu deutlich vor Augen führt – und das macht Stress (siehe Kapitel „Gesund im Stress", Seite 179).

Die Gartenparty

Das Ehepaar C. *plant eine Gartenparty:* Herr C. *– ein optimistischer „Es-wird-schon"-Typ – geht die Planung gelassen an. Genervt wird er nur durch seine Frau, die ihm ständig alle negativen Eventualitäten (das Wetter wird schlecht, es kommen zu viele oder zu wenig Gäste, das Bier wird warm sein, der Wein nicht reichen, das Büffet zu schlecht, zu viel, zu wenig, der Hund nebenan zu laut, die Nachbarn verärgert…) vor Augen führt und ihm immer weitere „prophylaktischen" Vorbereitungen aufnötigt. Das stresst! Dass sei-ne Frau ihn schon vor dem ersten Kaffee am Morgen mit neuen möglichen Katastrophen überfällt, kommt dazu.*

Wirklich im Stress ist jedoch Frau C. *Sie schlägt sich ja mit diesen Katastro-phengedanken herum, kann kaum mehr schlafen und beschließt, fortan nie mehr Gäste einzuladen! Ihr Pessimismus hat ihr die eigene Gartenparty zum Mega-Stress gemacht, auf den sie mit ständigem Grübeln, was noch al-les passieren kann, reagiert. (Aber siehe auch Seite 183.)*

(Falsch) Denken macht Stress – stressverstärkende Gedanken

Ohne eine grundlegende Theorie der Persönlichkeit zu bemühen, haben Stresspsychologen, unter anderen Albert Ellis und Aaron T. Beck, eine ganze Reihe persönlicher Einstellungen, Motive, Bewertungen, Gedan-ken und Erwartungen identifiziert, die erfahrungsgemäß dazu geeignet sind, Stress zu verstärken oder vielleicht sogar auszulösen – und die lei-der für manche Menschen „typisch" sind und ihnen das Leben schwer machen. Sie werden ohne Weiteres zustimmen können:

Schneller und stärker in Stress gerät der,
- der immer perfekt sein muss und keine Fehler machen darf,
- der immer der Beste sein muss,
- der meint, alles allein erledigen zu müssen,
- der immer unabhängig sein muss,
- der keine Schwäche zeigen darf,
- der jedem alles recht machen muss,
- der von allen geliebt werden will,
- der bei sich, bei anderen und überhaupt immer Fehler, Schwächen, Negatives, Bedrohliches entdeckt,
- der aus einer Mücke einen Elefanten macht,
- der sich, anderen und der Welt überhaupt nur Böses zutraut und überall Gefahren und Bedrohungen wittert,
- der ständig grübelt, was noch alles Schlimmes passieren wird,
- der alles – vor allem das Schlechte – auf sich bezieht,
- der nie auf die Idee kommt, diese Gedanken und Einstellungen an der Wirklichkeit zu überprüfen.

Denkfehler, die zu Stressfallen werden

Der Psychiater Aaron T. Beck hat solche und andere „Denkfehler" gesammelt und sie als wahre Stressfallen identifiziert.
Seine Liste:
- Ich erwarte immer „eine Katastrophe", das Schlimmste, auch wenn es gar keine Anzeichen dafür gibt – Katastrophisierung.
- Ich beziehe alles auf mich und alles hat mit mir zu tun, das heißt auch: ich bin an allem „schuld" – Personalisierung.
- Immer sind es die anderen, die „schuld" sind, ich habe nichts damit zu tun – Externalisierung.
- Ich glaube entweder, alles in der Hand zu haben, oder im Gegenteil, nichts kontrollieren zu können – Kontrollillusion.
- Ich verallgemeinere Kleinigkeiten, vor allem negative – Übergeneralisierung.
- Ich greife willkürlich irgendeinen Aspekt eines Ereignisses oder einer Situation heraus – selektive Abstraktion.
- Ich über- oder unterschätze die Bedeutung irgendeines Ereignisses oder einer Situation – Maximierung oder Minimierung.

- Ich sehe alles entweder ganz schwarz oder ganz weiß. Grautöne gibt es für mich nicht – Polarisierung.
- Ich weiß immer, oder besser: ich gehe immer davon aus, zu wissen, was andere im Kopf haben – Gedankenlesen.

Sicher: Solche „logischen" Fehler machen wir alle hin und wieder. Manchmal helfen sie uns auch, Bewertungen einer Situation oder eines Ereignisses so vorzunehmen, dass wir weniger gestresst sind. In den meisten Fällen jedoch führen sie zu mehr Stress, weil sie willkürlich sind und die Realität ausblenden. Und leider neigen Menschen, die solche Denkfehler machen, dazu, sie immer und immer wieder zu machen. Ihre Denkfehler werden zu systematischen Fehlern und führen systematisch zu falschen Bewertungen. Und die sind dann „wieder mal typisch" und machen Stress!

Was sich gegen solche Denkfehler tun lässt, erfahren Sie im Kapitel „Das Anti-Stress-Konzept" ab Seite 157.

Das „persönliche Stressverstärkerprofil"

In einem der bekanntesten Stresspräventionsprogramme (G. Kaluza, „Gelassen und sicher im Stress", siehe Seite 198) werden die Teilnehmer aufgefordert, ihr eigenes Stressverstärkerprofil zu zeichnen. Vorgegeben sind „fünf Grundannahmen", die wohl zu den häufigsten Stressverstärkern gehören:

- Ich kann nicht
- Sei vorsichtig
- Sei stark
- Sei beliebt
- Sei perfekt

Sie sind – so die Erfahrung – hochwirksame Stressverstärker, wenn sie zu nicht hinterfragbaren, allgemein und jederzeit gültigen „Befehlen" werden.

Das persönliche Stressprofil zeigt sich, wenn Sie die Fragen in der Checkliste auf der folgenden Seite beantworten.

Wollen Sie diese Fragen durchgehen und einmal Ihr eigenes Stressverstärkerprofil erstellen?

Wie vertraut sind Ihnen die folgenden Gedanken?

		sehr	etwas	nicht
1.	Am liebsten mache ich alles selbst.	2	1	0
2.	Ich halte das nicht durch.	2	1	0
3.	Es ist entsetzlich, wenn etwas nicht so läuft, wie ich will oder geplant habe.	2	1	0
4.	Ich werde versagen.	2	1	0
5.	Das schaffe ich nie.	2	1	0
6.	Es ist nicht akzeptabel, wenn ich eine Arbeit nicht schaffe oder einen Termin nicht einhalte.	2	1	0
7.	Ich kann diesen Druck (Angst, Schmerzen etc.) einfach nicht aushalten.	2	1	0
8.	Ich muss immer für meinen Betrieb da sein.	2	1	0
9.	Probleme und Schwierigkeiten sind einfach nur fürchterlich.	2	1	0
10.	Es ist wichtig, dass ich alles unter Kontrolle habe.	2	1	0
11.	Ich will die anderen nicht enttäuschen.	2	1	0
12.	Es gibt nichts Schlimmeres, als Fehler zu machen.	2	1	0
13.	Auf mich muss 100%iger Verlass sein.	2	1	0
14.	Es ist schrecklich, wenn andere mir böse sind.	2	1	0
15.	Starke Menschen brauchen keine Hilfe.	2	1	0
16.	Ich will mit allen Leuten gut auskommen.	2	1	0
17.	Es ist schlimm, wenn andere mich kritisieren.	2	1	0
18.	Wenn ich mich auf andere verlasse, bin ich verlassen.	2	1	0
19.	Es ist wichtig, dass mich alle mögen.	2	1	0
20.	Bei Entscheidungen muss ich mir 100% sicher sein.	2	1	0
21.	Ich muss ständig daran denken, was alles passieren könnte.	2	1	0
22.	Ohne mich geht es nicht.	2	1	0
23.	Ich muss immer alles richtig machen.	2	1	0
24.	Es ist schrecklich, auf andere angewiesen zu sein.	2	1	0
25.	Es ist ganz fürchterlich, wenn ich nicht weiß, was auf mich zukommt.	2	1	0

Persönliches Stressverstärkerprofil

Auswertung der Checkliste „Stressverschärfende Gedanken"

1 Addieren Sie die Punkte zu den Gedanken 6, 8, 12, 13 und 23.

Wert 1 =

2 Addieren Sie die Punkte zu den Gedanken 11, 14, 16, 17 und 19.

Wert 2 =

3 Addieren Sie die Punkte zu den Gedanken 1, 15, 18, 22 und 24.

Wert 3 =

4 Addieren Sie die Punkte zu den Gedanken 3, 10, 20, 21 und 25.

Wert 4 =

5 Addieren Sie die Punkte zu den Gedanken 2, 4, 5, 7 und 9.

Wert 5 =

Übertragen Sie die errechneten Werte 1 bis 5 in die folgende Grafik:

Ich kann nicht!											Wert 5
Sei vorsichtig!											Wert 4
Sei stark!											Wert 3
Sei beliebt!											Wert 2
Sei perfekt!!											Wert 1
	1	2	3	4	5	6	7	8	9	10	

© Kaluza: Gelassen und sicher im Stress; Springer-Verlag: Berlin, Heidelberg, 2012, Seiten 81, 82

Wie sieht Ihr Profil aus? Welche Stressverstärker sind bei Ihnen besonders ausgeprägt, welche weniger?

STRESS BEWÄLTIGEN

Genug gestresst! – Jetzt geht es um Stressbewältigung und die Strategien, die wir einsetzen, um nicht dauerhaft unter Stress zu stehen. Sie wollen sich wieder wohl fühlen und handlungsfähig sein und vor allem gesund bleiben. Deshalb lesen Sie doch dieses Buch!

Stressmanagement – die Kontrolle wieder gewinnen

Erinnern Sie sich an unsere zwei Autofahrer Herrn A. und Frau B. im Kapitel „Ich mache mir Stress", Seite 70? Ein Verkehrsstau als „Reiz". Schon in der Bewertung des Stressors unterschieden sich die beiden. Für Herrn A. ist der Stau eine massive Bedrohung. Wegen des Staus wird er sein Ziel, rechtzeitig zu seinem wichtigen Termin zu kommen, nicht erreichen!!! Wenn er wollte, könnte er eine ganze Kaskade von Stressreaktionen (Schwitzen, Herzklopfen, Ärger, ...) bei sich feststellen. Frau B. dagegen schätzt den Stau anders ein: Ewig kann er ja nicht dauern. Schon ist sie ruhiger.

Aber auch in der Wahl ihrer Strategie, mit ihrem Stress umzugehen, könnten Frau B. und Herr A. unterschiedlicher nicht sein.

Herr A. wählt eine aktive Variante. Im Stau zu stecken – das ist nicht seine Sache. Er packt „den Stier/das Problem bei den Hörnern": „Eine Umfahrung des Staus wird mich schneller ans Ziel bringen." Und bei der nächsten Ausfahrt verlässt er die Autobahn. (Variante 1)

Wie sieht es bei Frau B. aus? Sie „lehnt sich zurück". Dann sieht die Welt gleich wieder anders aus. Ihre Lieblingsmusik tut ein Übriges. Sie hat also an ihrer Stressreaktion angesetzt, entspannt sich. **(Variante 2)** Dies fiel ihr leichter, da sie durch eine ganz andere Bewertung des Stressors von Anfang an ihren „Stresspegel" niedrig halten konnte: Stau? Nun, ewig kann kein Stau dauern. Außerdem konnte sie umdenken: Was soll passieren? Ich kann den Chef auch am Nachmittag noch auf mein Projekt ansprechen. **(Variante 3)**

Und Herr A.? Er hat jetzt wieder freie Fahrt und kann endlich durchatmen. Er konnte durch die Umfahrung des Staus seine Handlungsfreiheit wieder gewinnen. Damit kann er auch seine erste Bewertung: „Ich bin dem Stau hilflos ausgeliefert", verändern in: „Ich habe die Kontrolle wieder." Da kann doch auch das Meeting nur gut laufen! **(Variante 3)**

In den „Stau-Geschichten" können Sie also drei Varianten erkennen, wie Menschen versuchen, mit Stress klarzukommen.

■ **Variante 1** hat das Ziel, das Problem zu verändern = stressor- oder problemorientiertes Coping

■ **Variante 2** hat das Ziel, die (emotionale und körperliche) Stressreaktion zu dämpfen = körper- oder emotionsorientiertes Coping und

■ **Variante 3** hat das Ziel, durch Umdenken und Neubewerten gedanklich dem Stressor seine Stressoreneigenschaft zu nehmen = fachsprachlich: kognitives oder mentales Coping.

Es gibt also – das ist für Sie nichts Neues – ganz unterschiedliche Möglichkeiten, mit dem Stress (Stau auf der Autobahn) umzugehen. Denken Sie einfach an Ihren letzten Stau und an sich und Ihre Leidensgenossen vor und hinter Ihnen!

Wir wissen nicht, weder bei Herrn A. noch bei Frau B., ob sie rechtzeitig zu ihrem wichtigen Meeting kommen. Auf jeden Fall hat der Stau seinen Schrecken – seine Stressoreneigenschaft – für beide verloren. Beide haben für den Augenblick Erfolg mit ihrer Stressbewältigungsstrategie. Beiden ist eine Neubewertung möglich:

■ Ich bin in der Lage, mein Wohlbefinden und meine Handlungsfähigkeit wiederherzustellen.

■ Ich bin nicht mehr gestresst.

■ Der Stau ist kein Stressor mehr.

Meine Lieblingsvarianten

Versuchen Sie, sich an eine „Stresssituation" zu erinnern – zum Beispiel eine Prüfung, bei der für Sie damals einiges auf dem Spiel stand (so Ihre Bewertung der Situation). Das kann eine richtige Prüfung in Ihrer Ausbildung oder Ihrem Studium sein, die Fahrprüfung, Ihr letztes Vorstellungsgespräch oder ein wichtiger Termin, der für Ihre berufliche Zukunft entscheidend war.

Können Sie sich an den Abend davor erinnern? Haben Sie sich noch einmal Ihre Bücher, Unterlagen, Karteikarten vorgenommen, um ja gut vorbereitet zu sein? Haben Sie sich einen spannenden Film angesehen, um sich abzulenken? Haben Sie sich von Ihren Eltern, Ihrem Partner, von Freunden verwöhnen, ablenken und aufmuntern lassen oder mit ihnen noch einmal alles Wichtige für den nächsten Tag durchgesprochen? Haben Sie sich ein Bad eingelassen und versucht, sich mit Ihrer Lieblingsmusik im Ohr richtig zu entspannen in dem Wissen, gut und ausreichend vorbereitet zu sein, der Einsicht, nicht immer der Beste sein zu müssen, und dem prophylaktischen Trost, dass auch bei einem Nichtbestehen die Welt nicht untergehen würde? Oder brauchten Sie doch ein Glas Wein oder Bier oder vielleicht auch Baldriantropfen zum Einschlafen?

Vielleicht haben Sie auch mehrere dieser Versuche unternommen, um mit der körperlichen und seelischen Anspannung am Vorabend einer Prüfung klarzukommen.

Wer noch einmal „alles durchliest", geht das Problem an, um sich weniger gestresst zu fühlen. Wer sich in die Badewanne legt oder seinen Partner um eine kleine Nackenmassage bittet, greift auf emotions- oder reaktionsbezogene Copingstrategien zurück, die in diesem Fall manchmal auch palliativ (schmerzlindernd) genannt werden, da sie an unserer „schmerzhaften" körperlichen und seelischen Stressreaktion ansetzen. Sie sind hoffentlich auch „regenerativ" (auch das ein Begriff aus der Stressforschung), damit wir danach regeneriert, erholt sind – und fit gegen neuen Stress.

Ablenkung (durch Fernschauen zum Beispiel) kann uns dabei helfen, uns nicht in unsere Prüfungsangst „hineinzusteigern", also noch mehr zu stressen. Unseren Stress abbauen können wir sicher auch dadurch, dass wir uns erfolgreich (und hoffentlich realitätsentsprechend) vergewissern können, dass wir gut vorbereitet sind. Beides sind übrigens psychologische Strategien, um mit unserer Aufregung fertig zu werden.

Dazu kommt noch – und bitte nicht als die letzte Möglichkeit: „Soziale Unterstützung" für die eine oder andere dieser Varianten zu aktivieren. („Ich frag dich noch mal ab", „du machst das schon", „ich koch dir was Gutes", „es muss ja nicht alles auf Anhieb klappen", „Kopf hoch", „lass uns noch auf ein Bier in die Kneipe oder ins Kino gehen"). Auch Quatschen oder Kuscheln ist soziale Unterstützung. Soziale Unterstützung hilft, wenn sie für den/die Gestresste „passt", eigentlich fast immer.

Strategien und Stile

Sind Sie in Ihren Gedanken noch bei Ihrer letzten großen Prüfung oder besser dem Abend davor? Und? Welche Copingstrategien haben Sie damals ohne nachzudenken, also automatisch, angewendet? Und wie haben sich Ihre „Mitprüflinge" verhalten? Gab es Unterschiede? Gab es solche Unterschiede, mit Stress umzugehen, während der Ausbildung, des Studiums sonst auch?

Die Frage ist doch: Wie hoch ist die Wahrscheinlichkeit, dass jede/jeder von uns eine Vorliebe für ganz bestimmte Copingstrategien in einer solchen oder ähnlichen Stresssituation hat. Psychologen sprechen von Copingstilen, wenn sie betonen wollen, dass wir immer wieder in verschiedenen Situationen auf ähnliche – also für uns typische – Copingstrategien zurückgreifen. Auch zu diesem Thema gibt es eine ganze Reihe von Tests. Einer davon ist der „COPE" von den amerikanischen Wissenschaftlern Carver, Scheier und Weintraub. Den Entwicklern dieses Tests (beziehungsweise seiner Kurzfassung, des BriefCOPE, den wir hier zitieren) ging es darum, eine möglichst breite Streuung von Copingstrategien zu erfassen. Diese sind in ihrem Test angesprochen.

Wollen Sie mehr über sich erfahren? Das geht auch, ohne dass wir Ihnen hier eine wissenschaftliche Auswertung anbieten können. Denken Sie nach! Wie ging es Ihnen in den letzten Wochen? Gab es „Stress"? Hatten Sie zum Beispiel Stress auf der Arbeit?

Und jetzt: „Beurteilen Sie bitte, inwiefern die folgenden Aussagen auf Ihr Denken und Handeln in vergangenen unangenehmen oder schwierigen Situationen zutreffen. Bitte machen Sie für jede Aussage eine Angabe" – dies die Aufforderung, mit der der Test beginnt.

BriefCOPE: Meine Strategien gegen Stress

		über- haupt nicht	ein biss- chen	ziem- lich	sehr
1.	Ich habe mich mit Arbeit oder anderen Sachen be- schäftigt, um auf andere Gedanken zu kommen.	1	2	3	4
2.	Ich habe mich darauf konzentriert, etwas an meiner Situation zu verändern.	1	2	3	4
3.	Ich habe mir eingeredet, dass das alles nicht wahr ist.	1	2	3	4
4.	Ich habe Alkohol oder andere Mittel zu mir genom- men, um mich besser zu fühlen.	1	2	3	4
5.	Ich habe aufmunternde Unterstützung von anderen erhalten.	1	2	3	4
6.	Ich habe es aufgegeben, mich damit zu beschäftigen.	1	2	3	4
7.	Ich habe aktiv gehandelt, um die Situation zu verbessern.	1	2	3	4
8.	Ich wollte einfach nicht glauben, dass mir das passiert.	1	2	3	4
9.	Ich habe meinen Gefühlen freien Lauf gelassen.	1	2	3	4
10.	Ich habe andere Menschen um Hilfe und Rat gebeten.	1	2	3	4
11.	Um das durchzustehen, habe ich mich mit Alkohol oder anderen Mitteln besänftigt.	1	2	3	4
12.	Ich habe versucht, die Dinge von einer positiveren Seite zu betrachten.	1	2	3	4
13.	Ich habe mich selbst kritisiert und mir Vorwürfe ge- macht.	1	2	3	4
14.	Ich habe versucht, mir einen Plan zu überlegen, was ich tun kann.	1	2	3	4

		über- haupt nicht	ein biss- chen	ziem- lich	sehr
15.	Jemand hat mich getröstet und mir Verständnis entgegengebracht.	1	2	3	4
16.	Ich habe gar nicht mehr versucht, die Situation in den Griff zu kriegen.	1	2	3	4
17.	Ich habe versucht, etwas Gutes in dem zu finden, was mir passiert ist.	1	2	3	4
18.	Ich habe Witze darüber gemacht.	1	2	3	4
19.	Ich habe etwas unternommen, um mich abzulenken.	1	2	3	4
20.	Ich habe mich damit abgefunden, dass es passiert ist.	1	2	3	4
21.	Ich habe offen gezeigt, wie schlecht ich mich fühle.	1	2	3	4
22.	Ich habe versucht, Halt in meinem Glauben zu finden.	1	2	3	4
23.	Ich habe versucht, von anderen Menschen Rat oder Hilfe einzuholen	1	2	3	4
24.	Ich habe gelernt, damit zu leben.	1	2	3	4
25.	Ich habe mir viele Gedanken darüber gemacht, was hier das Richtige wäre.	1	2	3	4
26.	Ich habe mir für die Dinge, die mir widerfahren sind, selbst die Schuld gegeben.	1	2	3	4
27.	Ich habe gebetet oder meditiert.	1	2	3	4
28.	Ich habe alles mit Humor genommen.	1	2	3	4

Quelle: Knoll, N., Rieckmann, N., & Schwarzer, R. (2005). Coping as a mediator between personality and stress outcomes: A longitudinal study with cataract surgery patients. European Journal of Personality, 19, Seite 229–247.

Die Entwickler des COPE-Tests legten ihren Fragen eine Sammlung von 14 verschiedenen Möglichkeiten, mit Stress umzugehen, zugrunde, zum Beispiel Ablenkung, Verleugnung und emotionale Unterstützung. Sie finden sie in der Tabelle unten aufgelistet. Diese Bereiche sind auch im BriefCOPE angesprochen, und zwar in jeweils zwei Fragen, wie Sie ebenfalls aus der Tabelle unten entnehmen können.

Wollen Sie in Anlehnung an das Stressverstärkerprofil nach Kaluza (siehe Seite 94) Ihr eigenes Copingprofil erstellen? Zählen Sie dafür für jeden Bereich die Punktzahlen von jeweils zwei Antworten, wie in der Tabelle unten angegeben, zusammen. Für den Bereich „Ablenkung" wären das also die Punkte für die Fragen 1 und 19, für „Verleugnung" die der Fragen 3 und 8 und so weiter. Dann machen Sie in der Tabelle eine entsprechende Anzahl von Kreuzen und erhalten so ein Profil. Wo haben Sie die meisten Kreuze gemacht, wo die wenigsten? Wo liegt Ihre „Spitze", wo Ihr „Tiefpunkt"?

Mein Coping-Profil

		1	2	3	4	5	6	7	8
1.	**Ablenkung** (Fragen 1 und 19)								
2.	Verleugnung (Fragen 3 und 8)								
3.	**Emotionale Unterstützung** (Fragen 5 und 15)								
4.	Verhaltensrückzug (Fragen 6 und 16)								
5.	**Positive Umdeutung** (Fragen 12 und 17)								
6.	Humor (Fragen 18 und 28)								
7.	**Aktive Bewältigung** (Fragen 2 und 7)								
8.	Alkohol/Drogen (Fragen 4 und 11)								
9.	**Instrumentelle Unterstützung** (Fragen 10 und 23)								
10.	Ausleben von Gefühlen (Fragen 9 und 21)								
11.	**Planung** (Fragen 14 und 25)								
12.	Akzeptanz (Fragen 20 und 24)								
13.	**Selbstbeschuldigung** (Fragen 13 und 26)								
14.	Religion (Fragen 22 und 27)								

Mein Coping-Profil (zum Beispiel Beziehungsstress)

		1	2	3	4	5	6	7	8
1.	Ablenkung (Fragen 1 und 19)								
2.	Verleugnung (Fragen 3 und 8)								
3.	Emotionale Unterstützung (Fragen 5 und 15)								
4.	Verhaltensrückzug (Fragen 6 und 16)								
5.	Positive Umdeutung (Fragen 12 und 17)								
6.	Humor (Fragen 18 und 28)								
7.	Aktive Bewältigung (Fragen 2 und 7)								
8.	Alkohol/Drogen (Fragen 4 und 11)								
9.	Instrumentelle Unterstützung (Fragen 10 und 23)								
10.	Ausleben von Gefühlen (Fragen 9 und 21)								
11.	Planung (Fragen 14 und 25)								
12.	Akzeptanz (Fragen 20 und 24)								
13.	Selbstbeschuldigung (Fragen 13 und 26)								
14.	Religion (Fragen 22 und 27)								

Mein Coping-Profil (zum Beispiel Prüfungsstress)

		1	2	3	4	5	6	7	8
1.	Ablenkung (Fragen 1 und 19)								
2.	Verleugnung (Fragen 3 und 8)								
3.	Emotionale Unterstützung (Fragen 5 und 15)								
4.	Verhaltensrückzug (Fragen 6 und 16)								
5.	Positive Umdeutung (Fragen 12 und 17)								
6.	Humor (Fragen 18 und 28)								
7.	Aktive Bewältigung (Fragen 2 und 7)								
8.	Alkohol/Drogen (Fragen 4 und 11)								
9.	Instrumentelle Unterstützung (Fragen 10 und 23)								
10.	Ausleben von Gefühlen (Fragen 9 und 21)								
11.	Planung (Fragen 14 und 25)								
12.	Akzeptanz (Fragen 20 und 24)								
13.	Selbstbeschuldigung (Fragen 13 und 26)								
14.	Religion (Fragen 22 und 27)								

Typisch Ich – oder doch nicht?

Stressforscher sind sich uneins: Manche ziehen aus den Ergebnissen ihrer Studien den Schluss, dass Menschen in unterschiedlichen Stresssituationen ganz unterschiedlich reagieren, in ihrer Wahl der Copingstrategien also nicht festgefahren sind. Die Strategien seien vielmehr abhängig vom Stressor und der Situation, in der ich mich gerade befinde. Andere Forscher beobachten, dass Menschen in den verschiedensten Stresssituationen immer wieder zu ähnlichen Strategien greifen, also einen bestimmten Copingstil haben.

Wie sieht es denn bei Ihnen aus? Haben Sie den BriefCOPE gemacht? Vermutlich hatten Sie dabei eine bestimmte Stresssituation im Kopf? Aber wahrscheinlich fallen Ihnen noch andere ein. Wählen Sie einfach zwei unterschiedliche Stressbereiche aus (etwa Streit mit dem Partner, Hektik im Beruf, Überforderung als berufstätige Mutter, Prüfungsstress) und wiederholen Sie mit diesen im Kopf den BriefCOPE! Addieren Sie auch hier die Punkte, die Sie bei den einzelnen zusammengehörigen Fragen vergeben haben, und tragen Sie in die zwei Tabellen links die entsprechende Anzahl an Kreuzen ein.

Können Sie ein typisches Profil für sich entdecken? Welche Ihrer Strategien waren erfolgreich? Wie sieht es heute aus, wenn Sie im Stress sind? Greifen Sie immer noch auf dieselben Strategien zurück? Haben Sie damit Erfolg?

Welche Strategie ist die beste?

Die Frage, die Sie am meisten interessiert, ist natürlich: Was hilft mir am besten, mit meinem Stress klarzukommen? Sie werden es ahnen: Die effektivste Strategie gibt es nicht.

Den Stress vor einer Prüfung in vier Wochen gehe ich besser anders an als den am Vorabend der besagten Prüfung. Bin ich ständig im Zeitdruck, ist eine andere Strategie angesagt, als wenn ich nach meiner Berentung nichts mit der vielen Freizeit anzufangen weiß. Der Verlust eines geliebten Menschen braucht eine andere Stressbewältigung als die Angst vor dem Chef. Der Stress, den die Doppelbelastung von Familie und Beruf bedeutet, erfordert ein anderes Coping als das Tuscheln der

Kollegen, das schon an Mobbing grenzt, oder das Ergebnis einer Vorsorgeuntersuchung, das mich von einer Minute zur anderen zu einem schwerkranken Menschen macht und mich zwingt, damit fertig zu werden. Sie sehen: Zu unterschiedlich sind die Anforderungen, die Situationen, durch die Menschen in Stress geraten können, aber auch die Ziele, die Menschen mit ihren Bewältigungsversuchen erreichen wollen.

Der Erfolg einer einzelnen Copingstrategie hängt ab vom Stressor: Wie hoch ist die Anforderung, wie intensiv die Belastung? Wie lange besteht sie, wird sie wohl bestehen? Kann ich die Situation überhaupt beeinflussen oder muss ich mich damit abfinden, mich in ihr einrichten? Welche Bedeutung hat das alles für mich? Betrifft es mein ganzes Leben oder nur einen unwichtigen Teilbereich?

Wie effektiv eine Strategie ist, hängt auch davon ab, ob es darum geht, eine aktuelle Bedrohung positiv beeinflussen zu wollen, einen vergangenen Verlust bewältigen zu müssen oder sich in weiser oder ängstlicher Voraussicht einer antizipierten Herausforderung oder Bedrohung sinnvoll stellen zu können.

Der Erfolg hängt ab von der Person: Welche Bedürfnisse habe ich? Was will ich erreichen? Auf welche Fähigkeiten kann ich bauen und auf welche Unterstützung kann ich zurückgreifen? Welche Strategie für mich sinnvoll und erfolgsversprechend ist, ist natürlich immer abhängig von meinem Alter, meinem Geschlecht, aber auch von meiner Kultur- und Religionszugehörigkeit.

Ihre Effektivität misst sich auch an dem, was sie erreichen will: Soll sie einer kurzfristigen Entlastung dienen oder langfristig wirken? Ist ihr Ziel die Erhaltung oder Wiederherstellung der körperlichen oder seelischen Gesundheit oder soll sie dazu beitragen, ein gutes Leben trotz Verlust, Krankheit und Stress leben zu können?

Bin ich der Schiedsrichter?

Eine Frage zum Schluss: Wer misst denn die Effektivität meiner Strategien? Woran ist erfolgreiches Coping erkennbar? War es effektiv, wenn ich gelassen oder ausgeglichen bin, oder lässt sich effektives Coping durch eine Art Gesundheits-„TÜV" feststellen? Gibt es so etwas wie ein Stressthermometer?

Eigentlich kann doch nur ich selbst beurteilen, ob ich mit meiner Strategie Erfolg hatte. Aber manchmal ist das gar nicht so einfach:

Kann ich sagen, meine Stressbewältigung war effektiv, weil ich heute nach den drei Flaschen Bier gut einschlafen konnte?

Ist es sinnvoll, von geglücktem Coping zu sprechen, wenn ich endlich durchatmen kann, weil mein Postfach und mein Schreibtisch leer sind – aber leider über all den gelingenden problemlösenden Copingstrategien vergessen habe, dass mein Sohn heute ein wichtiges Fußballspiel gegen die Nachbarklasse hatte?

Kann ich von effektiv sprechen, wenn ich völlig entspannt und aufgeweicht im Whirlpool der Wellness-Oase liege, meinem Mann zuhause die quengelnden Kinder, den kranken Hund und die Wäscheberge der letzten Woche hinterlassen habe und eigentlich wissen müsste, dass er ziemlich gestresst und wütend sein wird, wenn ich nach Hause komme?

Nicht immer können wir selbst einschätzen, was uns guttut, was uns ausgeglichener und handlungsfähiger macht. Nicht immer, aber hoffentlich immer öfter! Auch das ist gelingendes Coping.

Strategienranking

Eine allgemeingültige und jederzeit für jeden effektive Bewältigungsstrategie zu nennen, ist also nicht möglich. Niemand kann – wissenschaftlich begründet – sagen, für wen in welcher Situation welche Copingstrategie die beste ist. Stressforscher (Mediziner und Psychologen), die die negativen Auswirkungen von chronischem Stress auf unsere Gesundheit im Blick haben, wagen dennoch ein „Ranking":

„Negative" Strategien sind auf jeden Fall solche, die zusätzlichen Stress machen. Dazu zählen Selbstbeschuldigungen und Selbstabwertung. Negativ, also stressverstärkend, wirken auch Resignation und das Ausleben von Emotionen „ohne Rücksicht auf Verluste".

Langfristig als wenig hilfreich erweist sich in vielen Stresskonstellationen auch ein defensives Coping, also Ablenkung, Verleugnung, Verdrängen, Betäubung (zum Beispiel durch Alkohol oder Beruhigungsmittel) – auch wenn damit vielleicht kurzfristig die Stressbelastung abnimmt.

Im positiven Ranking erscheinen – zumindest bei Stressoren, auf die wir Einfluss nehmen können – die Strategien, durch die aktiv das Problem angegangen wird, ganz oben. Sie sind auf Dauer effektiver als solche, die nur palliativ an der Stressreaktion ansetzen, also nur „schmerz-lindernd" wirken sollen und uns veranlassen, einen Rückzieher zu ma-chen. Beim Ranking kommt „Schmerzlinderung" besser weg, wenn sie „regenerativ" wirkt, also dadurch erreicht wird, dass der/die Stressge-plagte erholt neu auf seine Ressourcen zurückgreift. Das kann sowohl zu einer Neubewertung des Stresses führen als auch aktives Problemlö-sen möglich machen...

Als effektiv stressmindernd erweist sich oft auch eine gedankliche Umorientierung, das heißt eine Um- oder Neubewertung. Viele Stresso-ren verlieren ihre stressenden Eigenschaften, wenn ich erkenne, dass der Stress hausgemacht ist, eigentlich für mich nichts auf dem Spiel steht und ich in fünf Jahren sowieso nicht mehr daran denke. In Stress-situationen, die unkontrollierbar, unbeeinflussbar sind, wirkt die Akzep-tanz des Unvermeidlichen stressmindernd.

Als effektive Möglichkeit der Stressbewältigung erweist sich fast im-mer die Inanspruchnahme sozialer Unterstützung, wenn sie denn passt,

---

INFO   „... nur zur Beruhigung!"

Eine leider sehr häufig angewendete Copingstrategie ist Beruhi-gung, Entspannung durch „Alkohol und Drogen", wozu wir natür-lich auch die Einnahme von Beruhigungsmitteln, Tranquilizern, rechnen müssen. Meist handelt es sich dabei um Medikamente vom Benzodiazepintyp, also zum Beispiel Valium, Tavor ... oder Ähnliche. Ihre Wirkung: Sie beruhigen, fördern den Schlaf, lösen Angst und innere Unruhe, lösen Muskelverspannungen – dämpfen also unsere Stressreaktion. Leider führen sie schnell zur Gewöh-nung – das heißt, die anfänglich wirksame Dosis reicht nicht mehr, sie muss „angepasst", also erhöht werden. Das führt dann rasch zur Abhängigkeit. Das Problem, das uns Stress verursacht hat, ist nicht gelöst. Ein neues ist hinzugekommen.

Wenn Sie mehr über Wirkungsweise und Gefahren dieser und an-derer Medikamente erfahren wollen: Genaue Informationen zu den einzelnen Substanzen finden Sie im „Handbuch Medikamen-te" der Stiftung Warentest oder im Internet gegen eine geringe Gebühr unter www.medikamente-im-test.de.

also mir und meinen aktuellen Bedürfnissen entspricht und wenn ich in der Lage bin, sie anzunehmen.

Die Stressforscher auf der Suche nach den erfolgreichsten Stressbewältigungsversuchen betonen aber, dass die Frage nach der e i n e n effektiven Strategie falsch gestellt ist. Effektives Coping ist kein einzelner Akt, sondern ein Prozess, in dem viele verschiedene Strategien gleichzeitig oder hintereinander zum Einsatz kommen. Sie beeinflussen sich gegenseitig und erreichen so (hoffentlich) ihr Ziel: Stressbewältigung.

Erfolgreiche Stressmanager

Als Merksatz zum Schluss: Erfolgreiche Stressmanager
- verfügen über eine große Auswahl an Strategien, die sie
- flexibel und dem Stressor, ihren eigenen Stressreaktion und ihren Ressourcen angemessen einsetzen.
- Sie wissen, was gerade dran ist. Und:
- Sie „drehen an vielen Schrauben".

Wir stellen Ihnen in den folgenden drei Kapiteln die wichtigsten möglichen Strategien vor, die sich für viele Menschen als (mehr oder weniger) wirksam erwiesen haben und auch in der Vorbeugung und Behandlung von Stresskrankheiten zum Einsatz kommen.

Betrachten Sie also die nächsten Kapitel als Ihren Werkzeugkasten für Ihr ganz persönliches Anti-Stress-Konzept. Manche dieser Werkzeuge der Stressbewältigung verwenden Sie schon immer. Andere sind Ihnen vielleicht fremd. Aber Sie können sie ausprobieren und – wenn sie Ihnen zusagen und sie sich für Sie als hilfreich erweisen – weiter anwenden. Manche scheinen Ihnen einfach nicht zu liegen, aber sie lassen sich erlernen, entweder allein, mithilfe von Büchern – eines lesen Sie gerade – oder auch in Stressmanagement-Kursen (siehe Seite 198). Wenn Sie merken, dass Sie auch davon nicht so profitieren können, wie Sie es bräuchten, wenn Ihr Leidensdruck immer größer wird und Sie befürchten müssen, Ihren Alltag nicht mehr leben zu können, dann scheuen Sie sich nicht, ärztliche oder psychotherapeutische Hilfe zu suchen.

STRESS LASS NACH!

Sind Sie im Augenblick gestresst? Dann schlagen wir vor, erst einmal zur Ruhe zu kommen, um überhaupt den Kopf frei zu haben. Es gibt viele Strategien, die wir, wenn wir „unter Strom stehen", einsetzen können, um unsere körperliche und emotionale Stressreaktion zu bewältigen.

Erst mal entspannen

Unser Sympathikus hat uns – ob das nun zum Problem oder zur Situation passt und wir nun wollen oder nicht – auf Flucht- und Kampfbereitschaft eingestellt und unsere Wachsamkeit und Reaktionsbereitschaft erhöht. Die negativen Folgen: Herz und Kreislauf laufen auf Hochtouren, der Blutdruck steigt, wir atmen immer schneller, die Muskeln sind angespannt, und und und – Sie kennen es. Da wir ja nicht angreifen wollen (dürfen) und auch nicht fliehen müssen (können), sind diese Hochleistungsaktivitäten unseres Körpers fehl am Platz, stören und machen auf Dauer im schlimmsten Fall krank. Reaktionsorientierte Methoden setzen – wie der Name sagt – an dieser Stressreaktion an. Das heißt: Sie sind in erster Linie sinnvoll, wenn wir schon gestresst sind, können aber auch die Voraussetzung dafür sein, dass wir uns regeneriert und erholt (siehe Seite 21) an eine aktive Problemlösung (siehe Seite 133) heranwagen.

Entspannung – mehr als „Chillen"

Hoffentlich fallen Ihnen spontan Ihre „Lieblingsentspannungen" ein, auf die Sie zurückgreifen, wenn es Ihnen mal wieder reicht: Lesen, Fernsehen, ein Bad nehmen, Musik hören, Spazieren gehen, Sex, Schlafen ... Vielleicht aber – und leider geht es gerade gestressten Menschen häufig so – gelingt Ihnen dieses „einfach mal Ausspannen" gar nicht mehr. Die innere Anspannung ist zu groß. Aber Sie brauchen sie: die Entspannung, die schmerzlindernd (palliativ) wirkt.

Sie ist das Gegenteil der Anspannung einer Stressreaktion. Wer entspannt ist, kann nicht angespannt sein! Man nennt das die „reziproke (gegenseitige) Hemmung". Auf diesem Mechanismus bauen alle Entspannungstechniken auf, die zur Stressreduktion eingesetzt werden. Ihr Ziel: „Entspannungsreaktion" statt Stressreaktion.

Wenn der Parasympathikus wieder das Sagen hat, zeigt sich dies an
- einer Abnahme der Muskelanspannung,
- einer Erweiterung der peripheren (äußeren) Blutgefäße mit dem Empfinden von Wärme,

INFO „Entspannungsantwort"

In den 70er Jahren des letzten Jahrhunderts hat der amerikanische Kardiologe Herbert Benson den Begriff „Entspannungsantwort" (Relaxation Response) für die oben beschriebene Reaktion unseres Körpers eingeführt. Verkürzt dargestellt zeichnet sie sich dadurch aus, dass anstelle der Stresshormone nun „Entspannungshormone" und -botenstoffe ausgeschüttet werden und der Hirnstoffwechsel heruntergeregelt wird. Die spür- und sichtbaren Folgen: Der Blutdruck sinkt, das Herz schlägt ruhiger, die Atmung wird tiefer und langsamer. Auch unsere Gedanken, unsere Aufmerksamkeit und Konzentration nehmen ab.

Inzwischen gibt es eine Fülle von Studien, die sogar im Experiment nachweisen konnten, dass Entspannungsverfahren, Meditation und andere spirituelle und rituelle Übungen wie geistige Versenkung, bestimmte Formen des Gebets, klösterliche Exerzitien, die auf dem Mechanismus von Entspannung oder „Achtsamkeit" (siehe Seite 125) beruhen, diese Entspannungsantwort erreichen können. Regelmäßig geübt, stoßen sie dadurch neurobiologische Vorgänge an, die uns auf Dauer widerstandsfähiger gegen negative Stressfolgen machen.

- einer Senkung der Herzfrequenz und des Blutdrucks,
- einer Senkung der Atemfrequenz – und als deren Folge
- an einem Zustand der Gelassenheit und des Wohlbefindens.

Im Folgenden stellen wir Ihnen die wichtigsten Methoden vor, mit denen Sie entspannen können.

Überall entspannen können

Stress lauert überall. Viele erleben aber ihre Stressreaktion (Herzrasen, Schwitzen, flacher Atem oder auch Angst und Beklemmungsgefühle) wie einen plötzlichen Überfall – fast wie aus heiterem Himmel. Diese Mobilmachung (denken Sie an die Fight-or-Flight-Reaktion!) ist also völlig unangebracht und realitätsunangemessen. Jetzt heißt es nur noch runterkommen – und zwar hier und möglichst schnell.

INFO   Die Kutscherhaltung

Wissen Sie, wie die Kutscher auf ihrem Kutschbock im Sitzen schlafen konnten? Durch ihre Kutscherhaltung. Machen Sie es ihnen nach und entspannen Sie, wo auch immer Sie diese Haltung einnehmen können: im Büro, im Bus auf dem Weg nach Hause, zuhause am Schreibtisch ...

Bleiben Sie sitzen – die Beine leicht auseinander gestellt, beide Füße fest auf dem Boden. Beugen Sie sich aus der Taille nach vorn, stützen Sie Ihre Unterarme auf den Oberschenkeln ab. Lassen Sie Ihre Hände zwischen den Knien fallen und den Kopf hängen. Spüren Sie die Dehnung im Nacken und die Lockerung des Schultergürtels und vielleicht ein leichtes Kribbeln in den Fingerspitzen? Bleiben Sie so einige Minuten sitzen und atmen Sie tief und regelmäßig – eine kleine Stressbewältigung ist Ihnen gelungen.

Wenn Sie danach die Möglichkeit haben, am geöffneten Fenster ein paar Mal ganz langsam und rhythmisch in den Bauchraum zu atmen (siehe Seite 114), sind Sie der Entspannungsreaktion ein gutes Stück näher gekommen.

Erst einmal durchatmen

Gibt unser Sympathikus den Ton an, ist langsames und tiefes Atmen gar nicht so einfach. Wir müssen es wieder lernen. Inzwischen gibt es viele Atemtechniken, die Sie allein oder unter Anleitung erlernen können. Viele von ihnen spielen auch innerhalb anderer Entspannungsverfahren eine wichtige Rolle. Hier wollen wir nur eine – die kontrollierte Bauchatmung – vorstellen, die Sie sich selbst schnell aneignen und bei regelmäßiger Anwendung effektiv zur Stressreduktion einsetzen können. Ruhiges, tiefes, gleichmäßiges Atmen entspannt die Muskeln, senkt die Herzfrequenz und hilft, unsere Aufmerksamkeit weg vom „draußen" auf uns und unseren Körper zu lenken. Achten Sie nur auf das rhythmische Aus- und Einatmen und das Heben und Senken des Brustkorbs und des Bauchraums. So kann es gelingen, den Parasympathikus (siehe Seite 28) zu aktivieren – eine Voraussetzung für Entspannung.

DIE KONTROLLIERTE BAUCHATMUNG

Eine einfache Atemübung, die Sie, wenn Sie sie beherrschen, einsetzen können, wann und wo und wie Sie wollen – immer dann, wenn Sie merken: Achtung! Die Anspannung steigt. Üben Sie im Liegen – Experten schaffen es später auch im Gehen, Sitzen, Stehen. Aber für den Anfang ist die Liegeposition die beste. Also:

→ Legen Sie sich flach auf den Rücken auf Ihr Bett oder den Fußboden.
(Wenn Sie mögen, schieben Sie ein schmales Kopfkissen unter Ihren Kopf!)

→ Winkeln Sie Ihre Knie leicht an.

→ Legen Sie eine Hand auf Ihren Brustkorb, die andere auf Ihren Bauch.
(Sie können auch eine Zeitschrift oder ein leichtes Buch verwenden, wenn Sie mit seitlich liegenden Armen entspannter liegen.)

→ Atmen Sie jetzt langsam und ganz tief ein.

→ Stellen Sie sich vor, wie der Atem langsam bis hinunter zu Ihrer Hand auf dem Bauch fließt und schließlich Ihre Hand hochhebt.

→ Sie können es kontrollieren: Welche Hand oder welche Zeitschrift bewegt sich am meisten? Tiefes Einatmen hebt Ihre Hand auf dem Bauch höher als die auf dem Brustkorb.

→ Jetzt atmen Sie ebenso langsam wieder aus. Stellen Sie sich vor, wie der Atem langsam vom Bauch über den Brustraum zurück über die Nase nach außen fließt.

→ Konzentrieren Sie sich darauf, wie Ihre Hände eine nach der anderen wieder nach unten sinken.

→ Wiederholen Sie diese Übung langsam und rhythmisch 5 bis 10 Minuten lang.

Üben Sie täglich mehrmals. Es lohnt sich!

(Entspannungs)massagen

Wahrscheinlich haben wir alle schon einmal ganz instinktiv an unsere schmerzende Nackenmuskulatur im wahrsten Sinn des Worts Hand angelegt oder versucht, den Druck auf unserer Stirn durch Gegendruck zu neutralisieren. Viele von uns genießen auch gerne eine Massage durch Freunde oder Partner, weil diese so herrlich entspannt. Ob wir bei uns nun selbst oder bei einem Mitmenschen den einen oder anderen verspannten Muskel bearbeiten: Wir haben damit eine weit verbreitete Methode der palliativen Stressreduktion angewendet, die vielleicht so alt ist wie die Menschheit selbst und aus der Erfahrung geboren ist, dass Berührung guttut.

Die klassische – medizinische – Massage wird heute auch gegen stressbedingte Verspannungen und deren Folgen wie beispielsweise Rückenschmerzen, Spannungskopfschmerz, Schmerzen im Kiefer und so weiter verordnet. Sie besteht aus fünf Griffarten: Vibrieren, Reiben, Klopfen, Kneten, Streichen. Durch die Abfolge der gezielt eingesetzten Handgriffe erreicht sie eine Lockerung der verspannten Muskulatur und erzeugt dadurch ein allgemeines Gefühl der Entspannung. Ihre durchblutungsfördernde Wirkung ist ebenfalls als stressreduzierend beschrieben worden.

INFO   Massage und Blutdruck

Regelmäßige Massage wirkt nicht nur wohltuend, wenn unsere verspannte Muskulatur als Folge von Stress schmerzt. Auch auf stressbedingten Bluthochdruck (siehe Seite 42) und eine erhöhte Herzfrequenz hat sie einen positiven Effekt. Verschiedene Studien konnten eine leichte Blutdruckabsenkung und eine Reduzierung der Herzschlagfrequenz nachweisen. Dabei scheint die Massagetechnik nicht entscheidend zu sein.

INFO   Heilung durch (fast) Handauflegen – ein Beispiel: Reiki

Reiki ist eine der vielen alternativen Heilmethoden, die heute zur Stressreduktion angeboten werden. Der Behandler legt seine Hände auf oder wenige Zentimeter über verschiedene Körperpartien des Patienten. Dadurch soll „Ki" – eine universell vorhandene Energie – über den Behandler zum Behandelten fließen. Der Behandler lässt seine Hände so lange über der jeweiligen Körperstelle liegen oder schweben, bis sich der Energiefluss verlangsamt oder ganz aufhört. Dann erst wählt er eine andere Stelle.
Als eigentliches Ziel einer Reiki-Behandlung gilt der Anstieg dieser „guten" Energie in und um den Behandelten und die Reduzierung negativer Energie. Dieses Ziel eines Energieflusses allgemein oder im Körper teilt die Reiki-Behandlung mit vielen anderen asiatischen Heilbehandlungen, zum Beispiel mit der Akkupunktur, der Akkupressur und der Shiatsumassage.
Ein solcher „Energiefluss", mit dem – so leider häufig die Heilsversprechen vieler auch selbsternannter Reikimeister – die Heilung fast aller Krankheiten erreicht werden soll, darf nicht mit physikalisch messbarer Energie verwechselt werden. Plausibel erscheint vielmehr, dass die Wirkung der „Handheilung", die tatsächlich inzwischen für stressbedingte Anspannung, Schlafstörungen, Angst und Verdauungsstörungen beschrieben wurde, auf psychophysiologischer „Energie" beruht.

Neben dieser klassischen Methode gibt es seit Jahrtausenden verschiedene Massagetechniken, die meist aus dem fernöstlichen Kulturkreis entstammen. Vielleicht haben Sie eine der vielen (Kurz-)Varianten selbst schon einmal in einem Wellness-Hotel oder an einem südlichen Strand erlebt. Eine ins Detail gehende Aufzählung einzelner Techniken und ihre kritische Würdigung führen hier zu weit. Nur so viel: Inzwischen wurde die Wirkungsweise dieser alten, auf 2500-jähriger Erfahrung und Beobachtung beruhenden Massagen, die ja aus ganz verschiedenen Kulturkreisen und Traditionen kommen, vielfach wissenschaftlich untersucht und ihre stressreduzierende Wirkung nachgewiesen.

Ihr Erfolg hängt jedoch stark von der Erfahrung, dem Können und den Fähigkeiten des jeweiligen Masseurs ab. Erkundigen Sie sich am besten bei Ihrem Arzt nach fachkundigen Masseuren. Die Kassen übernehmen inzwischen die Kosten auch für asiatische Massagen, wenn sie ärztlich verordnet sind.

Progressive Muskelrelaxation (PMR) nach Jacobson

Von den zahlreichen körperorientierten Entspannungsverfahren, die heute zur Stressreduktion angeboten werden, ist derzeit die progressive Muskelentspannung (auch Muskelrelaxation oder Tiefenmuskelentspannung) nach E. Jacobson am besten auf ihre Wirkung hin erforscht. Sie wird inzwischen bei vielen Beschwerden, die auf Angst, Stress und Anspannung beruhen, eingesetzt.

Die PMR gründet auf der Beobachtung, dass man, auch wenn man vermeintlich entspannt und ruhig ist, unter einer Muskelanspannung oder -verspannung leiden kann, die zum Beispiel zu Rücken-, Nacken- und Kopfschmerzen führen kann.

Auch hier wird wie bei den verschiedenen Atemtechniken gezielt und „willkürlich" Einfluss auf das unwillkürliche – autonome – Nervensystem des Parasympathikus genommen. Ihr „Trick": Muskeln werden zuerst bewusst und gezielt angespannt und dann erst gelockert, da von einer starken Anspannung aus Lockerung, Entspannung leichter ist.

Außerdem: Wer bewusst den Prozess der Lockerung nach einer starken Anspannung erlebt, lernt zu erkennen, wie sich unnötige Muskelanspannung anfühlt, und kann dann gezielt gegensteuern.

Die PMR nimmt sich aller wichtigen willkürlich steuerbaren Muskelgruppen an. Nacheinander werden die Muskeln von Händen und Armen, Gesicht, Nacken, Brust, Schultern, oberem Rücken, Bauch, Beinen und Füßen zuerst für einige Sekunden angestrengt angespannt und dann für 30 bis 40 Sekunden gelockert. Nach jeder einzelnen Übung bleiben die gerade entspannten Muskeln locker, sodass ein allgemeines Gefühl der Entspannung entsteht.

ANSPANNEN – LOCKERLASSEN: DIE ERSTE ÜBUNG

Bevor Sie beginnen, suchen Sie sich einen ruhigen, warmen, nicht zu hellen Ort. Legen Sie sich bequem auf den Boden oder setzen Sie sich so entspannt, wie es Ihnen in diesem Moment möglich ist, in den Schneidersitz.

→ **Atmen Sie einige Male tief in den Bauch ein.** Spüren Sie die erste Entspannung? Dann ballen Sie beide Hände zu Fäusten – so fest Sie können. Das kann sogar schmerzhaft sein.

→ **Spannen Sie Ihre Oberarmmuskeln** und halten Sie diese Spannung für einige Sekunden.

→ **Dann lassen Sie los!** Vergewissern Sie sich, dass Sie keine Muskeln – die der Finger, der Hände, der Arme – vergessen haben. Spüren Sie, wie die Spannung abfällt? Konzentrieren Sie sich auf diese Empfindung! Lassen Sie Ihre leicht gebeugten Finger, Ihre offenen Hände und Ihre Arme zur Seite fallen.

→ **Atmen Sie ruhig und tief weiter** – ein und aus, ein und aus… und spüren Sie die Wärme und Schwere, die mit dem Gefühl der Entspannung einhergeht.

Mit diesem Beispiel können wir Ihnen nur einen Vorgeschmack geben. Die PMR setzt den Wechsel von starker Anspannung zur Entspannung für alle oben genannten Muskelgruppen fort. Um wirklich eine intensive Entspannung zu erleben, ist regelmäßige Übung nötig.

INFO **Besser mit Anleitung!**

Sowohl das autogene Training als auch die Progressive Muskelrelaxation können mithilfe von CDs, die im Buchhandel oder im Internet erhältlich sind, erlernt werden. Wir empfehlen Ihnen jedoch die Teilnahme an entsprechenden Kursen, um Fehlprogrammierungen, die sich beim Üben mithilfe einer CD einschleichen können, zu vermeiden. Ihre Krankenkasse, die im Fall einer Verordnung die Kosten übernimmt, kann Ihnen Adressen von Ärzten und Psychotherapeuten nennen, die eine entsprechende Ausbildung haben. Auch einige Krankenkassen, Volkshochschulen und Familienbildungsstätten bieten solche Kurse an.

Autogenes Training

Das Autogene Training (AT) nach I.H. Schultz setzt (wie der Name autogen = selbstverursacht sagt) auf Entspannung durch Selbstsuggestion. Es ist also genau genommen eine psychologische Übung. Das heißt: In einer Art Selbsthypnose „trainiert" man, sich schrittweise in Ruhe und Entspannung zu versetzen. Auch hier setzt die allgemeine Entspannung mit einer Entspannung der Muskulatur ein. In einem zweiten Schritt erreicht man eine Erweiterung der oberflächlichen Hautgefäße und damit das Gefühl, „ganz warm" zu sein. Die folgenden aufeinander aufbauenden Übungen haben nicht nur das Ziel, über Wärme- und Schwereempfindungen zur Ruhe zu gelangen. Sie zielen in weiteren Schritten auch auf eine Verlangsamung der Atmung und der Herzfrequenz.

Das Autogene Training ist im Grunde nicht kompliziert. Wer es für sich erfolgreich einsetzen will, muss allerdings einiges an Übung und Zeit investieren. Kurse, die meist in Gruppen stattfinden, setzen regelmäßige Teilnahme voraus, da die einzelnen Übungen einer (physiologischen) Logik folgen und hintereinander absolviert werden müssen, um ihr Ziel Entspannung zu erreichen.

Die meisten, die auf Entspannung durch Autogenes Training setzen, bleiben bei dieser so genannten Unterstufe stehen. I. H. Schultz selbst sah sie jedoch nur als Vorbereitung auf zwei weitere Stufen. In der Mittelstufe soll durch selbst gewählte Formeln oder Vorsätze bewusst Einfluss auf Fühlen, Denken und Verhalten genommen werden. Die Oberstufe ist dann eine allgemeine Psychotherapie und kann nicht einfach selbst erlernt werden.

Aber auch ohne die Perfektionierung in Mittel- oder Oberstufe können Sie Ihre Entspannung mit einer persönlichen Formel, die nur Sie für sich selbst und Ihren Stress passend prägen können, beginnen und beenden. Diese kann – wenn Sie wirklich geübt sind – wie ein Signal oder „Trigger" in Stresssituationen wirken. Die Formeln: „An jedem Ort, zu jeder Zeit, Ruhe und Gelassenheit" oder „In der Ruhe liegt die Kraft" oder „Ich denke nicht" können Trainierten helfen, mit Unruhe, Hektik oder – durch die letzte Formel – ihrem Grübeln besser klarzukommen. Sie sind eine psychologische Copingstrategie (siehe Seite 100).

DIE SECHS ÜBUNGEN DER UNTERSTUFE

Die Unterstufe des Autogenen Trainings umfasst sechs „Lektionen" mit dem Lernziel: Wärme- und Schweregefühle und Ruhe. Jede setzt auf eine autosuggestive Formel, die mehrmals wiederholt ihre Wirkung entfaltet. Jede Übung muss einzeln erlernt werden. Der nächste Lernschritt folgt dann bei jeder Übung immer auf der Grundlage der ersten. Sie und die jeweils folgenden sind die Voraussetzung für die nächste Übung.

Die aufeinander folgenden Formeln der Selbstsuggestion lauten:

→ „Mein rechter (dann linker) Arm ist ganz schwer" – „Mein rechtes (dann linkes) Bein ist ganz schwer": Stellen Sie sich ganz intensiv diese Schwere vor. Sie werden sie zu spüren beginnen.

→ „Mein rechter (dann linker) Arm ist ganz warm" – „Mein rechtes (dann linkes) Bein ist ganz warm": Ihre Arme und Beine werden warm sein.

→ „Mein Herz schlägt ruhig und gleichmäßig"
(Achtung: Menschen, die unter Panikattacken oder Herzrhythmusstörungen leiden, wird empfohlen, diesen Teil der Übung zu überspringen.)

→ „Mein Atem geht tief und regelmäßig"

 „Mein Bauch wird ganz warm"

 „Meine Stirn ist angenehm kühl"

Jedes Training findet in einer möglichst entspannten Haltung (im Liegen oder im entspannten Sitzen, am besten in der so genannten Kutscherhaltung, siehe Seite 113) statt.

Biofeedback: Stress und Entspannung beobachten

Im Gegensatz zum Energiefluss, von dem die asiatische Heilkunst spricht, geht es beim Biofeedback unter anderem tatsächlich um physikalisch messbare Energie. Durch Sensoren werden Körperfunktionen registriert, die normalerweise nicht bewusst wahrgenommen und beeinflusst werden können. Ein Computerprogramm zeichnet mithilfe spezifischer Messgeräte (EEG, EMG und so weiter) zum Beispiel unsere Hirnströme, die elektrische Leitfähigkeit der Haut, den Hautwiderstand und weitere kritische Parameter wie Herzschlagfrequenz und Blutdruck, Atemfrequenz und Atemtiefe, unsere Muskelspannung auf und macht die Ergebnisse optisch oder akustisch wahrnehmbar.

Es macht so automatische Körpervorgänge der Sinneswahrnehmung zugänglich und damit bewusst. Auf diese Weise gibt es uns die Möglichkeit, Rückmeldung (dies die Bedeutung des Wortes „Feedback") über unsere körperliche Stressreaktion zu erhalten.

Durch diese Rückmeldung in Echtzeit können wir lernen, unwillkürliche Vorgänge willkürlich zu beeinflussen und zu steuern, da wir die Wirkung unserer willentlichen Beeinflussung sofort beobachten können.

Menschen zum Beispiel, die nachts mit den Zähnen knirschen, können lernen, ihre Muskelaktivität – und Anspannung – zu kontrollieren, weil sie die auf einen Bildschirm übertragene Anspannung oder Entspannung ihrer Kaumuskulatur sehen können. So bekommen sie direkt ein Feedback darüber, wenn sich die Muskelspannung verändert. Sie sehen diese Veränderung und spüren gleichzeitig, wie stark sie ihre Muskeln beanspruchen, und sie sehen und spüren, was sich unter Entspannung verändert. Mit dieser optischen Unterstützung können Stressge-

---

INFO Stress im Gehirn

Beim so genannten Neurofeedback wird zum Beispiel durch ein EEG (ElektroEnzephaloGramm) die elektrische Aktivität (gemessen in Hertz) unseres Gehirns gemessen und in ihren typischen Wellen aufgezeichnet. Jede dieser Wellen entsteht durch eine andere elektrische Frequenz.

In Stresssituationen produziert unser Gehirn hauptsächlich Beta- und Hi-Betawellen im Frequenzbereich von 13 bis 30 Hertz.

Bei Entspannung dagegen produziert unser Gehirn langsamere Wellen, etwa im Alpha- oder Thetabereich, also unter 12 bis 13 Hertz. Bei Delta-Wellen (in einem Frequenzbereich von unter 3 Hertz) schlafen wir tief und fest.

Während des Neurofeedback gestützten Trainings lernen Stress-geplagte durch bestimmte Übungen, Einfluss auf die Frequenz ihrer Hirnaktivität zu nehmen. Sie regulieren die „Hochspannung" der Delta-Wellen in ihrem Gehirn herunter und verstärken die Aktivität der Alpha-Wellen. Durch gezieltes Training kann es dann gelingen, diesen Prozess zukünftig auch ohne EEG in Stress-Situationen jederzeit abrufen zu können.

---

plagte die entspannte Haltung üben, bis sie sie auch ohne technische Hilfsmittel wahrnehmen und somit besser steuern können.

Biofeedback spielt eine immer größere Rolle in der Behandlung stressbedingter Erkrankungen, etwa von chronischen Rückenschmerzen, Spannungskopfschmerz, Bluthochdruck, Schlafstörungen und Zähneknirschen. Weder in der gesetzlichen noch in der privaten Krankenversicherung ist aber bisher die Kostenübernahme für das Biofeedback-Verfahren vorgesehen, obwohl es im stationären Bereich inzwischen mit Erfolg eingesetzt wird. Im Einzelfall können die Kassen jedoch die Kosten übernehmen, wenn das Verfahren im Zusammenhang mit einem anderen Entspannungsverfahren, zum Beispiel Progressive Muskelrelaxation oder Autogenes Training (siehe Seiten 117 und 119), und zur Behandlung einer Krankheit (nicht Vorsorge oder Hilfe zur Stressbewältigung!) eingesetzt wird. Häufiger wird die Methode aber als so genannte IGeL-Leistung angeboten. Das heißt: Sie müssen sie selbst bezahlen.

Meditation und Entspannung

Zu den Entspannungsverfahren im medizinischen Bereich kommt eine Vielzahl verschiedener Meditationstechniken.

Die meisten der heute bei uns praktizierten Techniken stammen aus fernöstlichen Traditionen (zum Beispiel die Vipassana-Meditation, siehe Seite 125, Meditationsübungen aus dem Zen-Buddhismus und Mantra-Techniken). Doch auch in vielen anderen Kulturkreisen gab und gibt es die „Versenkung" mit dem Ziel des Nichtdenkens, Loslassens beziehungsweise der „Gelassenheit", wie es der christliche Theologe und Philosoph Meister Eckhart im 13. Jahrhundert formuliert hat. Auf ihn geht möglicherweise der Begriff „Gelassenheit" sogar zurück.

Inzwischen üben die meisten Menschen hierzulande Meditation unabhängig von ihren spirituellen und religiösen Wurzeln wegen ihrer stressreduzierenden Wirkung aus. Für diejenigen, die dies regelmäßig tun, ist sie eine ritualisierte Auszeit aus dem Stress des Alltags.

Am bekanntesten sind derzeit wohl die Mantra-Meditationen. Während dieser Meditation werden bestimmte Silben, Wörter oder Wortfolgen (das Mantra) immer wieder wiederholt – sei es in Gedanken oder auch ausgesprochen oder gesungen –, um anderen Gedanken keinen Raum zu lassen. Sie kennen das berühmte „Om".

Für jede Meditation gilt: Sie muss gelernt, ständig geübt und in den

INFO Richtig meditieren

Meditation lernt sich am besten unter Anleitung. Sie finden heute eine Vielzahl der unterschiedlichsten Meditationskurse, die sich entweder als Lifestyle-Angebote, als gesundheitspsychologische Unterstützung bei der Behandlung und Vorbeugung von Erkrankungen oder auch als Anleitung zur spirituellen Versenkung verstehen. Sie wird im stationären und ambulanten Bereich, in pädagogischen, sozialen und kirchlichen Institutionen gelehrt.

Aber Vorsicht: Achten Sie darauf, dass es sich bei dem Anbieter von Meditations-Kursen nicht um eine sektenartige Organisation handelt! Klären Sie ihr Verhältnis zu den spirituellen Grundlagen und vermeiden Sie die Abhängigkeit von einem Lehrer.

Alltag eingebaut werden. Ihre Wirkung entfaltet sie am besten, wenn Sie sich täglich Zeit dafür nehmen.

Eine Mantra-Meditation wird oft kombiniert mit weiteren Meditationsformen – etwa mit Übungen aus dem Yoga oder einer Atem-Meditation, wobei unter neurobiologischen Gesichtspunkten eine Kombination von Bewegung, Denken und Sprechen/Singen besonders nachhaltig wirkt.

SA-TA-NA-MA ...

Eine einfache Meditationsübung, die mit Stressgeplagten erprobt wurde, können Sie selbst versuchen: Es ist die Kirtan-Kriya-Meditation, die Mantra (Formel) und Mudra (Handbewegung, Handstellung) vereint. Bei einiger Übung ist sie als „Antistressmeditation" bei wenig Zeitaufwand (eine Übung dauert 10 Minuten) durchführbar.

→ Setzen Sie sich aufrecht, aber bequem auf den Fußboden oder einen Sessel und legen Sie Ihre Hände leicht nach oben geöffnet vor sich auf die Knie: Wählen Sie als Mantra (Formel) das Wort Sa-Ta-Na-Ma, das Sie nacheinander für je 2 Minuten
- laut sprechen/singen
- flüstern
- denken
- flüstern
- laut sprechen/singen.

→ Ihr Mudra, also Ihre Handbewegung, ist eine Bewegung Ihrer Finger: Berühren Sie im Rhythmus der Silben Ihres Mantras nacheinander die Fingerkuppe Ihrer beiden Daumen jeweils mit der Fingerkuppe der restlichen vier Finger Ihrer Hand, beginnend mit Kontakt der Fingerkuppen von Zeigefinger und Daumen. Das heißt:
Sa = Daumen/Zeigefinger
Ta = Daumen/Mittelfinger
Na = Daumen/Ringfinger
Ma = Daumen/kleiner Finger.

Die positive Wirkung dieser Übung wurde inzwischen sogar in einer neurobiologischen Studie nachgewiesen.

Meditation und Achtsamkeit

Der Begriff der „Achtsamkeit" stammt aus der Vipassana-Meditation, einer buddhistischen Meditationstechnik, bei der es darum geht, dem gegenwärtigen Moment bewusst Aufmerksamkeit zu schenken. Mit dem Begriff Achtsamkeit wird „das Achten auf genau das, was im Moment geschieht" bezeichnet. „Im Augenblick sein" ist eine Möglichkeit, zur Ruhe zu kommen und Abstand vom Außen zu gewinnen. Die Folge: Entschleunigung und Entspannung.

DIE ATEMMEDITATION

Die Atemmeditation ist eine der bekanntesten buddhistischen Meditationsübungen. Vielleicht erinnert Sie diese Übung an das Einüben der kontrollierten Bauchatmung (siehe Seite 114). Auch hier werden Sie tief und regelmäßig ein- und ausatmen. Anders als bei der Bauchatmung geht es beim meditativen Atmen jedoch nicht um das aktive Üben einer Atemtechnik, sondern um die Konzentration auf das Atmen selbst. Sorgen Sie für Ihre Meditation für eine Zeit der Ruhe, in der Sie möglichst durch nichts von außen abgelenkt werden. Es genügen 10 Minuten täglich.

→ **Nehmen Sie eine bequeme Sitzhaltung ein** – es muss nicht immer der berühmte Schneidersitz sein –, bei der Sie jedoch, ohne sich anzulehnen, aufrecht sitzen. Schließen Sie die Augen und beginnen Sie, sich auf Ihren Atem zu konzentrieren. Spüren Sie dem Atem und Ihrem Atmen nach. Hilfreich ist ein Mitzählen der „Takte", die jeweils einen Atemzug umfassen.

→ **Zählen Sie jeden Atemzug beim Einatmen.** Zählen Sie von 1 bis 10, Dann beginnen Sie wieder von Neuem. Dieses Zählen kann Ihnen helfen, sich ganz auf Ihr Atmen zu konzentrieren. Versuchen Sie nicht, Gedanken als Störungen zu unterdrücken. Konzentrieren Sie sich immer wieder auf das Zählen des Atmens und den Atem selbst.

Die Übung dient dazu, im Augenblick aufmerksam „achtsam" wahrzunehmen, was geschieht. Sie werden nach und nach spüren, wie alles ruhig wird.

IM ALLTAG ACHTSAM SEIN

Die Psychotherapeutin Luise Reddemann – sie hat mit vielen Patienten, die an Trauma(stress)-Folgestörungen leiden, gearbeitet – schlägt zum Beispiel eine „Dusch-Achtsamkeitsübung" vor:

→ Stellen Sie sich unter die Dusche. Machen Sie sich bewusst, wie Sie das Wasser anstellen. Wie fühlen sich die Hähne an? Wie Ihre Hände, wenn Sie das Metall berühren?

→ Ihre volle Aufmerksamkeit gehört nun der Regelung der Wassertemperatur. Achten Sie auf die Schwankungen. Ist das Wasser zu kühl, zu warm? Welche Temperatur ist die beste für Sie?

→ Wenn das Wasser über Ihren Körper fließt, verfolgen Sie mit Achtsamkeit seinen Fluss. Spüren Sie dem Fließen nach. Welche Körperstellen berührt es im Augenblick? Wie fühlt sich das an? Wo geht es Ihnen gut, wo weniger gut damit?...

Achtsamkeitsübungen können, wenn man erst einmal geübt ist, überall und zu jedem Augenblick stattfinden und die Auszeit bieten, die so wichtig ist, wenn wir „im Stress" unterzugehen drohen. Und eine solche Auszeit ist wirklich „Aus-Zeit". Denn die Achtsamkeit richtet sich auf das JETZT, den jeweils aktuellen Moment „außerhalb der Zeit". Lesen Sie dazu mehr im Kapitel „das Anti-Stress-Konzept" ab Seite 157.

„Work-out" – Bewegung gegen Stress

Ist Ihnen schon einmal aufgefallen, dass Menschen, die stressbedingt unter Strom stehen, beginnen, mit den Füßen zu wippen, mit den Fingern auf den Tisch zu klopfen, unruhig auf dem Stuhl hin und her zu rutschen, auf und ab zu gehen ...? Etwas mechanisch gedacht: Die Energie, die uns unser Körper durch seine Fight-or-Flight-Reaktion bereitstellt, muss irgendwie abgeführt werden. Also Bewegung: Regelmäßig sollte sie sein, Spaß machen und mit Ihrem sonstigen Leben ohne Stress vereinbar.

Am einfachsten ist es, wenn Sie in Bewegung bleiben, also den Bewegungsdrang, den Sie bei sich im Stress feststellen, nutzen, um Ihren Stress abzubauen. Ihr Alltag bietet Ihnen viel Gelegenheit dazu: Wer hindert Sie daran, die Treppe anstatt den Aufzug zu nehmen, wenn Sie ein schwieriges Gespräch vor oder hinter sich haben? Wer, aufzustehen und in den anderen Flur zu laufen, um direkt mit Ihrem Kollegen ein Problem zu klären, anstatt ihn anzurufen oder ihm eine Mail zu schreiben? Wer befiehlt Ihnen, in der Pause irgendwo zu sitzen, anstatt einmal um den Block zu gehen, um frische Luft zu schnappen?

Eine Busstation zu früh auszusteigen, bietet Ihnen die Möglichkeit, einen kleinen Spurt einzulegen. Und wenn Sie mit dem Auto unterwegs sind, empfiehlt es sich, nicht immer den Parkplatz vor der Tür anzusteuern. Ein paar oder auch viele (Lauf-)Schritte vom Auto zur Haustür, um erst mal den Ärger aus dem Büro loszuwerden, federn manchen Frust ab, den Sie vielleicht an Ihren Kindern oder an Ihrem Mann, Ihrer Frau ausgelassen hätten. Auch zuhause warten viele Bewegungsmöglichkeiten auf Sie: Putzen ist zum Beispiel eine hervorragende Möglichkeit, Dampf abzulassen, und mit den Kindern auf den Spielplatz zu gehen anstatt fernzusehen eine andere. Vielleicht können Sie Ihren Partner, Ihre Partnerin motivieren, mit Ihnen regelmäßig einen längeren schnellen Abendspaziergang zu machen.

Aus Bewegung wird Sport

Wenn Ihnen das zum Auspowern nicht reicht (und wahrscheinlich ist es auch zu wenig): Mehrmaliges Joggen pro Woche allein, mit Freunden oder in einer Laufgruppe oder regelmäßiges (!) Work-out in einem Fitness-Studio, Schwimmen, Tennis, Squash, Badminton, Tanzen, ein Mannschaftssport, der Sie unter Leute bringt, oder Stretching und Fitness auf dem Hometrainer im stillen Kämmerlein zuhause ... Es gibt so viele Möglichkeiten, in Bewegung zu kommen. Sie wissen wahrscheinlich am besten, welche sportliche Aktivität Ihnen guttut. Wenn nicht, beraten Sie sich mit Freunden, einem Fitness-Trainer oder Ihrem Arzt. Die Krankenkassen bieten oft Kurse an. Erkundigen Sie sich auch bei Sportvereinen!

INFO Glückshormone

Wahrscheinlich haben Sie schon von den Endorphinen gehört, die zu den „Glückshormonen" zählen. Endorphine sind eine morphin-ähnliche Substanz, die der Körper selbst herstellt. Leider genügt es für diese „Selbstmedikation" nicht, ein bisschen zu joggen oder eine Runde mit dem Rad zu drehen. Endorphine werden erst frei-gesetzt, wenn man wirklich intensiv und lange Zeit aktiv ist und sich bis an die Schmerzgrenze belastet. Aber auch andere Boten-stoffe sorgen dafür, dass wir uns wohler fühlen.

Durch sportliche Aktivität werden zum Beispiel auch vermehrt Do-pamin und Serotonin gebildet. Dopamin gehört zum Belohnungs-system im Gehirn, während Serotonin die allgemeine Zufrieden-heit steigert. Um deren positive Effekte zu spüren, müssen Sie nicht bis an Ihre Belastungsgrenze gehen – was möglicherweise neuen Stress für Sie bedeuten würde.

Wer es ausprobiert hat, wird es bestätigen: Sport tut gut! Durch die „Arbeit" mit unseren Muskeln, Bronchien und so weiter, die durch unse-re Stressreaktion in Alarmbereitschaft versetzt wurden (siehe Seite 18), können wir uns im wahrsten Sinn des Wortes auspowern, abreagieren. Gut tut auch die euphorisierende Wirkung so genannter Glückshormone (siehe Kasten oben), die in unserem Gehirn ausgeschüttet werden.

Übrigens: Neben diesen kurzfristigen „palliativen" Folgen erreichen wir durch Sport oder allgemeine körperliche Aktivität noch eine ganze Reihe von positiven gesundheitlichen Effekten: Sport wirkt positiv auf Herz und Kreislauf, er stärkt insgesamt die (Skelett-)Muskulatur, verbes-sert die Knochendichte, fördert die Durchblutung der inneren Organe, reguliert Blutfett- und Zuckerwerte, verbessert die Darmfunktion, regt den Stoffwechsel an, stärkt Muskeln, Sehnen und Bänder und wirkt ge-gen Depressionen und Ängste. Damit sind Bewegung und Sport ein Rundumschlag gegen Stress: Sie wirken gegen negative Stressfolgen und sind zudem regenerativ, das heißt: Sie stärken unsere Ressourcen und beugen damit (neuem) Stress vor.

„Lauftherapie"

Inzwischen ist es wissenschaftlich erwiesen: Ausdauernde Bewegung, also beispielsweise Wandern, schnelles Gehen, Nordic Walking, Joggen, Radfahren, Schwimmen, wirkt sich auf die Gesundheit eindeutig positiv aus. Wichtig ist dabei, dass diese ausdauernde Bewegung regelmäßig durchgeführt werden sollte, ohne Schmerzen und Stress zu verursachen.

Das Problem: die Umsetzung. Leider schaffen es stressgeplagte Menschen oftmals nicht, aus ihrem Hamsterrad von Arbeit, Pflichten und Verpflichtungen herauszukommen – oder sie sind zu erschöpft, „ausgepowert", als dass sie sich aufraffen könnten, sich nach getaner Arbeit in Bewegung zu setzen. Häufig sind sie auch aufgrund des bisherigen Lebensstils im Stress körperlich so angeschlagen und vielleicht so übergewichtig, dass sie befürchten, ein einfaches Laufen gar nicht mehr zu schaffen. Und diese Befürchtung trägt nicht unbedingt zu ihrer Motivation bei.

Hier haben sich die Angebote der Krankenkassen oder auch Kliniken bewährt, die das regelmäßige Laufen zum Beispiel als Therapie anbieten. Speziell ausgebildete Lauftherapeuten trainieren gerade diese „Unsportlichen" in mehrwöchigen Kursen auf der Grundlage medizinischer Erkenntnisse und erprobter pädagogisch-psychologischer Methoden mit dem Ziel, den Läufern neben der direkten gesundheitsfördernden körperlichen Wirkung auch neue Lernerfolge und Erfahrungen zu ermöglichen. Dazu gehören:

■ Ich kann mich beim Laufen von dem, was mich stresst (Arbeit etc.), ablenken, distanzieren.

■ Auf meine körperliche Anspannung folgt regelmäßig wohltuende Entspannung.

■ Ich kann diese Entspannungsreaktion (Senkung des Blutdrucks, der Herzfrequenz, die Verlangsamung der Atmung) bewusst erleben.

Und ganz wichtig:

■ Ich schaffe es! Ich bin zu etwas in der Lage, was ich mir gar nicht zugetraut hätte.

INFO **Bitte keinen (neuen) Stress!**

Wenn Sie Sport und Bewegung als Anti-Stress-Strategie einsetzen wollen, achten Sie darauf, Ihre neue Aktivität nicht in Stress ausarten zu lassen. Das heißt: Bei der Wahl Ihres „Stress-Work-outs" sollten Sie sich fragen:

- Hält es sich in dem zeitlichen Rahmen, der mir in meiner Freizeit, ohne Zeitdruck zu produzieren, gegeben ist?
- Verträgt es sich (zeitlich, organisatorisch) mit anderen Aktivitäten, Hobbys, die mir bisher Spaß gemacht haben?
- Kann ich meine neue sportliche Aktivität ausüben ohne lange Vorbereitung, komplizierte Organisation, weite Anfahrt?
- Kann ich sie regelmäßig ausüben?
- Macht sie mir Spaß?
- Wie viel sportlichen Ehrgeiz darf und will ich haben, ohne wieder in Stress zu geraten?
- Wie groß ist die Gefahr, dass ich ab jetzt Verabredungen und Treffen mit Freunden schleifen lasse, soziale Kontakte aufgebe?

Fernöstliche Bewegung – Yoga –Taichi – Qigong

Eigentlich handelt es sich bei keiner dieser Aktivitäten um eine Sportart. Beim Yoga zum Beispiel geht es in seiner über 3000-jährigen Geschichte, die in Indien ihren Ursprung nahm, im weitesten Sinn um einen spirituellen Heilsweg hin zur Erleuchtung und zum Einswerden mit der Gottheit. Dieses Ziel – dies nur sehr verkürzt – kann unter anderem erreicht werden, indem der Fluss des Lebensatems durch bestimmte (auch körperliche) Übungen reguliert wird.

Auch das Qigong ist eine (chinesische) Meditationsform, mit der an der alles durchdringenden universellen Energie (Qi) gearbeitet wird. Um diese universelle Energie, Lebenskraft, die den ganzen Kosmos durchdringt, geht es auch beim Taichi, was etwa mit höchster Energie übersetzt werden kann.

In unserer westlichen „Anwendung" haben alle drei ihre religiöse Bedeutung längst verloren. Angeboten von Krankenkassen, Volkshochschulen und Sportvereinen, in Kliniken und Kurzentren, werden sie heute meist wegen ihrer wohltuenden und gesundheitsfördernden Wirkung praktiziert. Dabei steht für viele die körperliche Seite, also die Ausführung bestimmter Körper- und Atemübungen, im Vordergrund.

Zum Beispiel Yoga: Eine Einführung in die Vielzahl verschiedener Yogaschulen führt hier zu weit. Am häufigsten werden Sie bei uns Richtungen, die auf das Hatha Yoga zurückgehen, finden. Diese Yogaform ist in der medizinischen Forschung auch in ihren unterschiedlichen Varianten auf ihre gesundheitsrelevanten Aspekte wie Entspannung, Blutdrucksenkung und Besserung von Rücken- und Gelenkschmerzen am besten untersucht. Die stressreduzierende Wirkung mit ihren positiven gesundheitlichen Folgen wurde in diesen Untersuchungen bestätigt. Sie beruht sowohl auf der Praxis der Körper- und Atemübungen als auch auf seinem meditativen Anteil, den Achtsamkeitsübungen (siehe Seite 125).

Dabei gibt es jedoch in der Gewichtung der beiden Elemente und in der jeweiligen körperlichen Anforderung große Unterschiede: Bei dem Iyengar Yoga (einer Weiterentwicklung des Hatha Yoga durch B.K.S. Iyengar) zum Beispiel liegt der Schwerpunkt auf der langsamen, richtigen und sicheren Ausführung der einzelnen Positionen – während das Bikram Yoga (entwickelt von Bikram Choudhury) eher an eine athletische Leistungssportart oder ein Work-out, das in einem sehr heißen Raum durchgeführt wird, erinnert.

Wenn Sie einen Kurs belegen wollen, achten Sie bitte darauf, eine Variante zu finden, die Ihren Bedürfnissen entspricht. Denn Sie suchen ja keinen neuen Stress.

Zum Beispiel Qigong und Taichi (Schattenboxen): Wie beim Yoga geht es bei Qigong und Taichi um verschiedene Körperpositionen, die hier extrem langsam und in einer meditativen fließenden Abfolge nacheinander eingenommen werden. Im Zentrum der Konzentration stehen die Atmung und bestimmte Organe und Körperregionen, also eine (meditative) Selbstvergegenwärtigung.

Ebenso wie beim Yoga ist die stressreduzierende Wirkung und damit der positive Effekt auf negative körperliche und emotionale Stressfolgen sowohl von Qigong als auch von Taichi in Studien nachgewiesen. Ihre Wirkung wird medizinisch erklärt mit der Konzentration, der meditativen Versenkung (siehe Seite 125), der verbesserten Atemtechnik (siehe Seite 114) und eben der Bewegung.

PROBLEME IN ANGRIFF NEHMEN

Probleme lösen, Konflikte bereinigen, Aufgaben erledigen, Fähigkeiten hinzugewinnen, Stressauslösern den Schrecken nehmen – das sind Mittel und Ziele problemorientierter Stressbewältigung. Was sich ändern lässt, sollten wir ändern! Aber wo und wie beginnen?

Stressauslöser sammeln

Oft genug haben wir Sie inzwischen aufgefordert, Ihre Stressauslöser, die „Stressoren", zu sammeln! Und denken Sie an die vielen potenziellen Stressoren, die wir im Kapitel „Was macht mir Stress?" (siehe Seite 51) als Risikofaktoren genannt haben. Wie lang war Ihre Liste?

Viele Menschen sind deswegen gestresst, weil sie (leider) tatsächlich eine ganze Liste von Stressoren notieren können/müssen.

Es ist ja so: Einen oder zwei (auch große) Stressfaktoren können wir alle ganz gut bewältigen. Nur wenn sich der Stress häuft und immer wieder etwas Neues dazukommt, ohne dass wir uns ausruhen und erholen können, geraten wir wirklich in Stress, werden Stressoren zu einem echten Gesundheitsrisiko.

Geht es Ihnen ähnlich?

... und sortieren

Haben Sie noch die Grafik der Stresskonstellation von Seite 79 vor Augen? Alle Stressauslöser, die Sie gesammelt haben oder die im Kapitel „Was macht mir Stress?" aufgezählt wurden, gehören in die Rubrik (A):

„Stressoren", also zu den von mir bewusst oder unbewusst und automatisch als bedrohlich bewerteten Anforderungen und Belastungen. Problemorientierte Stressbewältigung setzt hier an. Eine erste erfolgreiche Bewältigungsstrategie wäre es, die Anzahl der Stressoren zu verringern. Aber wo beginnen?

Betrachten Sie Ihre Sammlung noch einmal genauer und sortieren Sie. Dabei geht es jetzt nicht um eine „Gewichtung" im Sinne der „life change units" und deren Skalen (siehe Seite 55). Das Kriterium der Gewichtung dieses Mal ist die „Kontrollierbarkeit". Die entscheidende Frage ist nämlich, welche der Sie in Stress versetzenden Ereignisse, Situationen, Anforderungen, Bedrohungen durch Sie beeinflussbar sind.

Stressoren, die ich beeinflussen kann, ermöglichen und erfordern andere Bewältigungsstrategien als zum Beispiel viele große Lebensereignisse wie Schwellensituationen und Schicksalsschläge, aber auch andere als von mir persönlich kaum oder nicht veränderbare Lebens- und Arbeitsbedingungen.

Was kann, was muss ich ändern?

Um diese Fragen beantworten zu können, muss ich erstens meine „Bewertungen" überprüfen: Ob ich Erfolg habe mit meinem problemzentrierten Coping, hängt davon ab, wie „realistisch" die Einschätzung sowohl der Beeinflussbarkeit des Stressors als auch die meiner Chancen und Ressourcen zur Beeinflussung sind.

Der Versuch, etwas verändern zu wollen, was nicht zu ändern ist, kann nur misslingen. Und etwas verändern zu wollen, wozu meine Kräfte und Möglichkeiten nicht ausreichen, macht richtig Stress.

Zweitens muss ich mich fragen: Welche Relevanz hat der Stressor für mich? Muss ich mich mit ihm überhaupt auseinandersetzen? Lohnt sich der Aufwand? Oder sind Neubewertung und Akzeptanz die besseren Strategien?

Keine Kontrolle! Dem Stress ausgeliefert?

Es gibt Stressoren, die von uns nicht kontrollierbar sind. Das Leben mit einer chronischen Krankheit, der Verlust eines geliebten Menschen, Arbeitslosigkeit ohne jegliche Perspektive, Arbeitsverträge und Arbeitsplatzkonstellationen, die Sie nicht beeinflussen können, Katastrophen im Weltgeschehen – alles das können Stressoren sein, die Sie maximal be-

INFO   **Aktiv gegen passiv!**

Sind Sie nach dieser Fragerunde zur Einschätzung gelangt, dass einer oder mehrere Ihrer Stressoren durch Ihre aktive Beeinflussung veränderbar – kontrollierbar – sind, dann haben Sie übrigens schon eine wichtige „mentale Copingstrategie" (siehe Seite 100) angewendet. Stress entsteht vor allem dann, wenn man das Gefühl hat, einer Situation, einem Ereignis hilflos ausgeliefert zu sein, keine Kontrolle mehr zu haben. Sobald man erkennt, dass es Handlungsspielräume gibt, dass man nicht nur passiv erleiden muss, sondern aktiv handeln kann, hat man die erste Runde gegen seinen Stress gewonnen.
Und Sie sind ja gerade dabei, die Kontrolle wieder zu gewinnen!

lasten, die Sie aber als objektives Ereignis oder als Situation, mit der Sie leben müssen, nicht ändern können.

Heißt das, Sie können wirklich gar nichts unternehmen, um weniger belastet, weniger gestresst zu sein?

Wenn Sie genauer hinschauen, werden Sie feststellen, dass diese Stressoren zwar Ihrer Kontrolle und einer Veränderung durch Sie entzogen sind, dass ein Teil der Stressbelastung, die Sie erleben, jedoch mit deren Folgen zusammenhängen. Der Hauptstressor hat weitere möglicherweise kontrollierbare Stressoren nach sich gezogen, die Ihren Alltag zusätzlich schwierig machen. Fast immer lassen sich diese Stressfolgen so beeinflussen, dass Ihnen die unkontrollierbaren Stressoren weniger weh tun. Sie können also dort ansetzen, um Ihre Stressbelastung insgesamt zu verringern.

Was muss ich ändern?

Und jetzt? Leider wissen wir nicht, welche Belastungen = Stressoren Sie als veränderbar und veränderungswürdig genannt haben.

Sind es Beziehungsprobleme und Konflikte in der Familie? Dann könnte Ihre Problemlösungsstrategie sein, sie zu klären, an ihnen zu arbeiten.

Stehen Sie unter hohem Erwartungs- und Leistungsdruck? Dann könnte Ihre Problemlösungsstrategie beispielsweise sein, diesem Druck mit der Verbesserung Ihrer beruflichen Kompetenzen, wie durch Lernen, Weiter- und Fortbildung oder einen fachlichen Austausch unter Kollegen, zu begegnen. Oder wäre eine berufliche Veränderung die Lösung?

Leiden Sie unter dem Klima in Ihrem Betrieb, im Büro? Dann könnte Ihre Problemlösungsstrategie vielleicht darin bestehen zu versuchen, es durch Gespräche, Klären von Missverständnissen und das Überprüfen von Vorurteilen zu verbessern.

Fehlt Ihnen die emotionale und/oder tatkräftige Unterstützung durch Kollegen und Freunde? Dann könnte Ihre Problemlösungsstrategie so aussehen, dass Sie Ihre bisherige Scheu, aktiv danach zu fragen, überwinden und sie um Hilfe bitten.

Wie gesagt, die Probleme und die Strategien, sie zu lösen, sind individuell sehr unterschiedlich. Eines trifft aber für alle Menschen, die unter Stress leiden, zu: Es mangelt an Erholung (Regeneration) vom Stress. Diese erreichen Sie – so die Definition – durch körperorientierte Copingstrategien, die wir Ihnen im vorangegangenen Kapitel vorgestellt haben.

Haben Sie sie schon eingesetzt?

Dürfen wir eine Vermutung äußern: Sie wissen, dass Sie dringend Erholung brauchen, grundsätzlich leuchten Ihnen die Argumente ein, die Vorschläge hören sich gut an, ihre Umsetzung wäre sicher sinnvoll und hilfreich und eigentlich... Aber Ihnen fehlt die Zeit! Ist es nicht so?

Wenn Sie Zeitdruck als einen Ihrer wesentlichen Stressoren genannt haben, ist wohl ein besserer Umgang mit Ihrer Zeit, Ihrer Lebens-Zeit, das richtige Werkzeug für Sie, damit Sie endlich Zeit haben, sich zu erholen.

Das Problem mit der Zeit

„Selbst unter denen, die sich ihrer Arbeit und deren Anforderungen gewachsen fühlen", empfindet immer noch fast die Hälfte der Befragten häufig „starken Termin- und Leistungsdruck", heißt es im Stressreport 2012. Dadurch rückt der Zeitdruck an die Spitze aller Belastungen, die im beruflichen Alltag beklagt werden. Und nicht nur dort: In einer Befragung der Techniker Krankenkasse zeigten sich vor allem Hausfrauen und Mütter als massiv durch Zeitdruck belastet. Nur jede Zwanzigste der Befragten gab an, nie unter Zeitdruck zu stehen. Frei von Zeitdruck zu sein erlebten damit „Managerinnen ihres kleinen Familienbetriebs" – dies die Formulierung aus einem alten Werbespot – dreimal seltener als der Bevölkerungsschnitt.

Zu wenig Zeit ist tatsächlich eine der Hauptursachen für Stress. Zeitmangel macht auch Anforderungen, die normalerweise – also bei ausreichender Zeit – als Herausforderung bewertet und gemeistert werden, zu Stressoren und verhindert die Erholung von Hast, Hetze und Hektik.

Und diese Anforderungen werden dann häufig zu unseren Hauptstressoren, weil wir darin unterzugehen drohen ohne Möglichkeit eigener Zeitplanung und Zeitgestaltung.

Zeitmanagement – nicht nur im Beruf

Wahrscheinlich hat sich jeder von uns, der unter Zeitdruck steht, schon mit diesem Thema auseinandergesetzt. Ist die Zeit zu knapp, muss besser mit ihr „gewirtschaftet" werden. Zeitmanagement ist also angesagt und damit die Forderung, die Zeit besser einzuteilen, zu strukturieren, sie effektiver zu nutzen... Denn – das wissen wir auch – ein wesentlicher Grund dafür, dass die Zeit nie reicht, sind schlechte Planung und eine chaotische Arbeitsweise.

Also: Wir sagen Ihnen nichts Neues, wenn wir Ihnen die Top Ten aus der Trickkiste guter Zeitmanager aufzählen:

1. Bestandsaufnahme vornehmen
2. To-do-Liste erstellen
3. Zeitüberblick verschaffen
4. (Kurzfristige) Ziele formulieren
5. Prioritäten setzen
6. Not-to-do-Liste erstellen
7. Zeit planen
8. Beim Punkt bleiben – Unterbrechungen vermeiden
9. Nein sagen und delegieren lernen
10. Langfristige Ziele klären

Alle dienen dem Ziel – so Wikipedia –, „anstehende Aufgaben und Termine innerhalb des zur Verfügung stehenden Zeitraums abzuarbeiten." Zwar geht es im Anti-Stress-Konzept nicht nur um Arbeit und Abarbeiten. Dennoch können wir von Zeitmanagern lernen, wenn wir ihre Vorschläge und Methoden an unser Ziel „anpassen". Und das wäre? Endlich wieder genügend Zeit zu haben, um sie auch einmal vertun, verschwenden, verschenken und vertrödeln zu können.

Bestandsaufnahme: Ist-Zustand klären

Wie sieht es bei Ihnen gerade aus? Beginnen Sie mit einem Arbeitstag.

Bevor Sie in die Details gehen – hier einige allgemeine Statements. Welchen stimmen Sie „voll und ganz/teilweise/eigentlich nicht/nicht/ganz und gar nicht" zu?

- „Mein Arbeitstag ist im Minutentakt durchgeplant."
- „Ich kann nur unter Zeitdruck arbeiten."
- „Ich neige dazu, Arbeiten vor mir herzuschieben."
- „Ich lasse mich bei meiner Arbeit unterbrechen."
- „Mir fällt oft zwischendurch etwas Dringendes ein, was ich dann sofort erledige."
- „Ich will/muss alles Mögliche gleichzeitig abarbeiten."
- „Ich weiß nicht wo anfangen, bei all der Arbeit, die sich auf meinem Schreibtisch stapelt."
- „Am Ende des Arbeitstags weiß ich oft nicht, was ich eigentlich den ganzen Tag gemacht habe."
- „Meine Arbeit macht mir keinen Spaß."

Und jetzt die Auswertung: Wenn Sie sehr oft „voll und ganz" zustimmen müssen, sollten Sie Ihren Arbeitstag einmal genauer unter die Lupe nehmen.

Und wie sieht Ihre Freizeit aus? Wie sind Ihre Freizeitaktivitäten „getaktet"? Gehören Sie zu denen, für die Durchfeiern zum Pflichtprogramm gehört – denn ohne Feiern kein Feierabend –, oder sind Sie eher der sportliche Typ, der seine Trainingseinheiten plant wie seine Termine im Beruf? Haben Sie so viele „gesellschaftliche Verpflichtungen" (unterschiedlichste Verabredungen mit Freunden und Verwandten), dass Sie dafür einen eigenen Terminkalender brauchen, oder gehört Kilometerfressen (Wochenendtrip, Ferienhaus, Freunde besuchen) zu einem richtigen Wochenende? Einfach mal schnell...?

Zum Beispiel diesen Freitag nach Feierabend

„Nach dem Work-out im Studio – die Sporttasche habe ich ja schon mit ins Büro genommen – muss ich ganz schnell duschen und dann nach Hause, um mich umzuziehen, weil Karla schon vor dem Kino wartet, davor noch schnell bei Facebook schauen, was heute Abend bei den Jungs so geplant ist. Vielleicht lässt sich das doch irgendwie verbinden? Karla hat ja wahrscheinlich auch noch was mit ihren Mädels vor. Man könnte sich vielleicht nach dem Film mit allen im WON treffe, und dann mal richtig abfeiern... Und morgen früh dann nix wie raus mit dem Bike, damit ich vor der 'Bundesliga bei Thomas' wieder zurück bin. Ach, und abends zu Tonis Geburtstag zum Grillen! Da muss ich noch das Geschenk besorgen. Und einen Salat sollen wir auch mitbringen. Wann soll ich das denn noch schaffen?!"

Zeitnutzungsprotokolle – Ist-Zustand I

Haben Sie eine Ahnung davon, was Sie eigentlich so den ganzen Tag, die Woche über treiben? Wir empfehlen Ihnen, dem einmal nachzugehen. Hilfreich sind Zeitnutzungsprotokolle, in denen Sie – ehrlich mit sich selbst und Ihrer Zeitgestaltung – jede Aktivität eines Arbeitstages mit der dafür verwendeten Zeit festhalten. Es wäre schön, wenn Sie eine Woche durchhalten könnten!

Betrachten Sie nun Ihr Protokoll. Nehmen Sie einen Arbeitstag. Wie sieht er aus? Wann haben Sie begonnen? Wann mussten Sie dafür zuhause aufbrechen? Wie lange waren Sie mit Ihrer Arbeit beschäftigt? Wie lange mit diversen Vorbereitungen dafür? Gab es Besprechungen, Teamsitzungen...? Wie viele Unterbrechungen gab es? Haben Sie alle – auch das Checken der E-Mails „so zwischendurch" – vermerkt? Wie viele Pausen haben Sie notiert? Wie lange waren diese und wann? Waren es tatsächlich Pausen oder nur „Unterbrechungen"? Fallen Ihnen Zeitfresser auf, also Tätigkeiten und Ereignisse, die (Arbeits-)Zeit verbrauchten, die Sie im Nachhinein als vertan betrachten? Wie viel Zeit haben Sie damit verbracht, so zu arbeiten, dass Sie sich effektiv fühlten?

Und last but not least: Wie lange arbeiten Sie eigentlich? Wann kommen Sie durchschnittlich nach Hause?

Hören Sie jetzt nicht auf zu protokollieren! Was haben Sie an Ihrem Feierabend gemacht? Notieren Sie die einzelnen Ereignisse und Aktivitäten. Wie viel Zeit haben Sie jeweils dafür aufgeschrieben? Wie viel Zeit konnten Sie für Essen, wie viel für Schlafen eintragen?

Und die Gesamtbilanz? Wie viel Zeit blieb Ihnen für Ihre Familie, für Ihre Freunde, für Aktivitäten ohne Zeitdruck? Wie lange hatten Sie tatsächlich Frei-Zeit, Zeit, die Ihnen gehörte, die Ihnen Freude ohne Druck gemacht hat?

Können Sie (in Zeiteinheiten) angeben, wie oft, wann und wie lange Sie während dieser protokollierten Zeit zufrieden, entspannt, gelassen waren? Gab es überhaupt diese Zeiten der Erholung?

Ist-Zustand II: To-do- und andere Listen

Zu unserem Ist-Zustand gehört nicht nur das, was wir getan haben und protokollieren konnten. Zu dem, was uns stresst, rechnen wir immer auch das, was jetzt ansteht, unsere Pflichten und Vorhaben. Haben Sie die im Kopf?

Als wirklich unerlässlich für ein effektives Zeitmanagement werden To-do-Listen empfohlen. Also sammeln auch Sie erst einmal Ihre anstehenden Pflichten, Aufgaben, Aktivitäten und Termine, die Ihnen jetzt für heute, für die Woche, den Monat einfallen. Sinnvoll sind zwei Listen: eine der beruflichen Aufgaben und eine, in die Sie eintragen, was Sie alles nach und außerhalb Ihres Arbeitstages, Ihrer Arbeitswoche zu erledigen haben.

Halten Sie schriftlich fest, was Sie vorhaben, was Sie erledigen wollen und abarbeiten müssen. Das fördert Ihre Konzentration, zwingt Sie zur Festlegung, trägt zur Übersichtlichkeit bei und entlastet Ihr Gedächtnis. Und ganz wichtig zur Stressreduktion: Sie können durchstreichen und abhaken! Erledigt! So wird Ihre To-do-Liste zur Abstreichliste.

INFO Pausen am Arbeitsplatz

Wie sieht es eigentlich mit Ihren Pausen am Arbeitsplatz aus? Können Sie diese selbst planen oder lässt Ihre Arbeit das nicht zu? Im Stressreport 2012 wird festgestellt, dass ein Viertel der befragten Arbeitnehmer ihre gesetzlich vorgeschriebenen Pausen (30 Minuten in 6 Stunden) nicht einhält, weil es der Arbeitsablauf nicht zulässt oder weil zu viel Arbeit ansteht. Es gibt jedoch auch nicht wenige – auch dies ergab diese Befragung –, die freiwillig auf ihre Pause verzichten. Ob das sinnvoll ist?!

INFO **Puffer und Pausen**

Vergessen Sie nicht, in Ihrem Arbeitszeitplan Pufferzeiten für „Unvorhergesehenes" und Pausenzeiten einzuplanen. Sonst geraten Sie garantiert in Stress. Als Faustregel für einen sinnvollen Zeitplan gilt: 60 Prozent für geplante Aktivitäten, 20 Prozent für Unerwartetes („Störungen") und 20 für spontane und „kommunikative" Aktivitäten, also ein Schwätzchen zwischendurch, das möglicherweise dem optimalen Zeitmanagement schadet, aber zum Aufbau und Erhalt sozialer Ressourcen beiträgt, also gutes Stressmanagement sein kann.

Übrigens: Auch für den Zeitplan Ihrer „häuslichen Pflichten" empfiehlt es sich, für „Unvorhergesehenes" Platz = Zeit bereitzustellen. Unvorhergesehen können „Störungen" sein: Ein Kind wird krank, das Auto springt nicht an ... oder willkommene Unterbrechungen: kurz vor dem Weggehen ruft eine Freundin an, ein Artikel in der Zeitung ist doch spannender als gedacht...

Halt! Reicht eine To-do-Liste? Was ist mit dem, was auch noch zu einem gelungenen Tag, einer gelungenen Woche ... Ihrer Zeit gehört? Was möchten Sie tun, erleben, erfahren, genießen? Schreiben Sie es auf – aber bitte nennen Sie es nicht „To-do"! Wollen Sie in schönem „Denglish" „Like-Liste" dazu sagen? Wie lang wird die?

Mein Zeitbestand

Und nun zum „Zeitbestand": Haben Sie Ihre Listen vor Augen? Wissen Sie, wie viel Zeit Sie für die einzelnen Punkte auf Ihrer Liste einplanen müssen? Versuchen Sie die Dauer der Aktivitäten einzuschätzen. Wie realistisch sind Sie in Ihrer Einschätzung? Haben Sie Zeiten in Ihrer Like-Liste für sich, für Ihre Familie, Ihre Freunde, für Ihre Hobbys, fürs Nichtstun eingeplant? Und wie viel?

Und jetzt: Kontrollieren Sie Ihre Listen. Wenn Ihnen dabei (bei gut durchdachter realistischer Schätzung der Zeitanforderungen) Wörter wie Zeitdruck, Zeitmangel, Zeitnot einfallen, haben Sie bei deren Erstellung etwas falsch gemacht. Wollen Sie dies ändern?

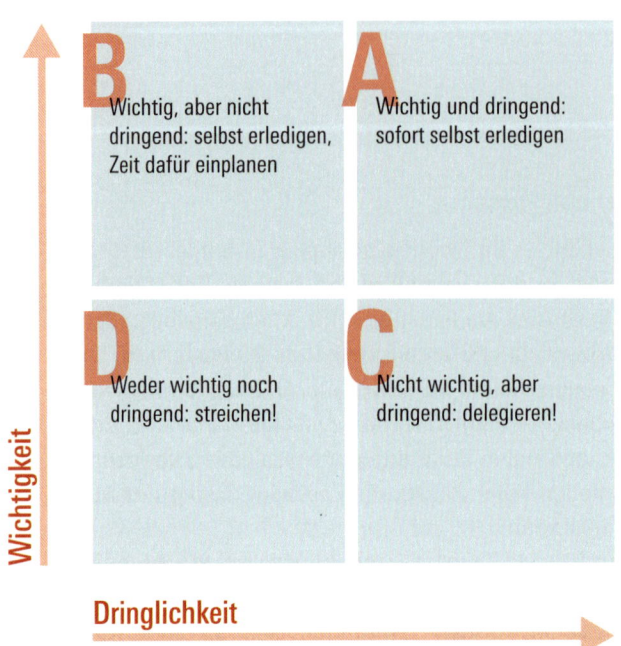

Das Eisenhower-Prinzip
In der sogenannten Eisenhower-Matrix wird dieses Prinzip guten Zeitmanagements veranschaulicht: Lassen sich die Punkte aus Ihrer Liste in die Quadranten einsortieren?

Reicht die Zeit? Zeit planen mit Ziel und System

Ihre Liste ist zu lang – die Zeit „zu kurz" und „zu knapp"? Dann hilft nur eines: (Neu) gewichten und streichen! Aber wie? Prioritäten zu setzen ist oberstes Gebot! Jeder Zeitmanagement-Experte kennt das Eisenhower-Prinzip, das dem US-Präsidenten und Alliierten-General Dwight D. Eisenhower zugeschrieben wird. Dessen Prioritätenliste:

A Wichtig und dringend: sofort selbst erledigen
B Wichtig, aber nicht dringend: selbst erledigen, Zeit dafür einplanen
C Nicht wichtig, aber dringend: delegieren!
D Weder wichtig noch dringend: streichen!

Was also können wir von einem General lernen?
■ Wichtiges und Dringendes sind zwei Paar Stiefel. Wir müssen – und können! – sie auseinanderhalten!
■ Wichtiges sticht Dringliches. Wir dürfen uns nicht durch dringende „Tagesgeschäfte" und „Drängler" von Wichtigem „abdrängen" lassen. Das Wichtige ist selten dringend und das Dringende selten wichtig!
■ Ganz unwichtig und überhaupt nicht dringend: Es gibt Aufgaben, die müssen wir nicht erledigen. Wir können sie abgeben oder von unserer Liste streichen!

Betrachten Sie jetzt noch einmal Ihre Liste und sortieren Sie mit Eisenhower!

„Eisenhower" für den Alltag – und nicht nur für Generäle

Was fällt Ihnen beim Betrachten Ihrer Matrix ein? Wie können Sie davon profitieren? Vielleicht helfen Ihnen ein paar Denkanstöße:

Zu Quadrant A: „Wichtiges und Dringendes" kann ein richtiger Stressfaktor werden. Dagegen hilft: Vermeiden Sie, Wichtiges zu Dringendem werden zu lassen. Dafür brauchen Sie eine „realistische Bewertung", eine vernünftige Zielsetzung und ein gutes Zeitmanagement (siehe Seite 137).

Glücklicherweise sind wirkliche A-Aufgaben, die Sie selbst und sofort erledigen müssen, die Ausnahme. Beispiele dafür wären: Ein PC-Programm bricht zusammen, mit dem in der gesamten Firma wirklich nur Sie sich auskennen. Ihr Kind muss wegen eines gebrochenen Arms ins Krankenhaus.

Zu Quadrant B: Wichtige Aufgaben werden meist erst unter Zeitdruck zum Stressfaktor. Deshalb möglichst bald erledigen, damit sie nicht in den Quadranten A geraten (wie vielleicht Ihre Weihnachtseinkäufe im vergangenen Jahr!). Zu „Wichtig-Unwichtig" siehe auch weiter unten Quadrant D.

Wichtige Aufgaben in aller Ruhe und mit viel Zeit erledigen zu können kann sogar Stress reduzieren, weil wir uns dann ganz und gar darauf einlassen, uns in unsere Aufgabe versenken und alles um uns herum vergessen können.

Zu Quadrant C: Delegieren ist eine effektive Strategie der Stressbewältigung. Aber Achtung! Delegieren ist (eigentlich) Chefsache. Wenn Sie zum Beispiel zur Ansicht gekommen sind, dass Haushaltspflichten typische C-Aufgaben sind, die Sie ab jetzt voll und ganz an Ihre Partnerin/Ihren Partner delegieren, dann besteht die Gefahr, dass von anderer Seite Stress droht. Diese Gefahr besteht übrigens auch in anderen Arbeitszusammenhängen. Klären Sie lieber, was erledigt werden muss, was Sie leisten können und wollen, was Teamarbeit sein kann und wobei Ihnen andere helfen sollten.

Was Sie auch wissen müssen: Delegieren können heißt auf Perfektion und Kontrolle verzichten können. Dies gilt nicht nur an Ihrem Arbeitsplatz, sondern auch zuhause – also auch dann, wenn Ihr Sohn zum Beispiel die Spülmaschine sehr viel weniger Platz sparend einräumen kann als Sie und neulich seine rote Socke die weiße Bettwäsche rosarot gefärbt hat!

Zu Quadrant D: Unwichtiges ignorieren. Not-to-do-Listen sind fast ebenso wichtig wie die Liste der Aufgaben und Pflichten. Verwenden Sie viel Zeit und Denkarbeit auf das Aussortieren. Muss das Auto wirklich geputzt werden? Muss diese E-Mail wirklich beantwortet werden? Muss ich an jeder Teambesprechung teilnehmen? Fragen Sie sich aber auch: Was ist wichtig für mich?

Es gibt sicher sehr viel „Unwichtiges", das Ihnen aber am Herzen liegt: Ein schön gedeckter Tisch mit Blumen, ein mit viel Liebe künstlerisch gestalteter Tagesplaner, ein Telefonanruf bei einer Freundin... Was ist, wenn mir diese oder jene unwichtige und nicht dringende Aufgabe, Tätigkeit Spaß macht? Muss ich alles streichen, weil es weder wichtig noch dringend ist?

Zeitverschwendung ist eine Kategorie, die zwar in diesem Prinzip effektiven Zeitmanagements nicht vorkommt. Aber gehört sie nicht zu einem gelungenen Stressmanagement?

INFO   **Ein Tag hat 24 Stunden, eine Woche 7 Tage, ein Monat...**

Es gibt Menschen, deren Tag besteht aus mindestens 30 Stunden – zumindest scheint es so, wenn man ihre Projekte, Pläne und To-do-Listen ansieht. Wen wundert es, dass die meisten von ihnen irgendwann in Zeitnot und unter Zeitdruck geraten. Möglicherweise geraten sie dann auch in Stress – oder sie lassen halt das weg, was nicht mehr zu schaffen ist. Kein Stress! Zu wirklich effektiven Zeitmanagern werden sie dann, wenn es ihnen gelingt, das Wichtige vom Unwichtigen zu unterscheiden.

Es gibt aber auch Menschen, die beim Betrachten ihrer To-do-Liste schon schweißgebadet sind. Für sie hat nämlich der Tag höchstens 15 Stunden! Sie haben von vornherein das Gefühl, dass die Zeit nicht reicht, nie reichen wird. Für diese ist der Tipp, einfach zu „streichen", sicher nicht der richtige und wäre keine gute Problemlösungsstrategie. Ihr Stress muss „mental" angegangen werden. Lesen Sie dazu das Kapitel „Das Anti-Stress-Konzept", Seite 157.

Planen mit System

Betrachten Sie jetzt Ihre Eisenhower-Matrix noch einmal genauer. Haben Ihre A-, B- und C-Aufgaben in ihren Quadranten Platz gefunden? Oder waren es zu viele?

Falls sie nicht hineinpassen wollten, systematisieren Sie! Viele ähnliche Tätigkeiten und Aufgaben lassen sich zusammenfassen und gemeinsam erledigen. Eine solche Sortierung mit System spart nicht nur in der Matrix Platz, sondern auch – und das ist das Entscheidende – im Alltag Zeit. Die zwei wichtigsten Fragen, die Sie sich beim Sortieren stellen sollten:

1. Was kann ich zeitsparend zusammenfassen?
2. Was zerlege ich besser in Einzelschritte, damit ich den Überblick nicht verliere?

Die Zusammenfassung empfiehlt sich natürlich dann, wenn Sie für verschiedene Aufgaben die gleichen Voraussetzungen schaffen oder ähnliche Vorbereitungen treffen müssen. Sie kennen Ihre Beispiele:

Den einen Aktenordner, den Sie aus dem Archiv geholt haben, brauchen Sie für mehrere Vorgänge. Ihr Computer muss nicht für jede E-Mail, jede Online-Bezahlung einzeln neu hochgefahren werden. Und: Müssen Sie wirklich für jede Kopie extra zum Kopierer? Erledigen Sie zusammen, was zusammengehört. Das spart Zeit.

Umgekehrt empfiehlt sich in vielen Fällen die Zerlegung komplexer Aufgaben, die sich sonst möglicherweise vor Ihnen auftürmen wie ein Berg, den Sie nie und nimmer überwinden können. Allein schon der Gedanke daran lässt Sie ins Schwitzen geraten und raubt Ihnen sogar die Nachtruhe.

Versuchen Sie in diesem Fall, den Berg nach und nach und Schicht für Schicht abzutragen.

Zum Beispiel: Haben Sie in Ihrem B-Quadranten (wichtig, aber nicht dringend) stehen „Hausarbeit für das Proseminar bis zum Ende des Semesters fertig schreiben", so ist das wenig hilfreich! Zerlegen Sie die Arbeit in effektive Einzelaufgaben, die Sie sich ruhig ein bisschen dringend machen dürfen: also Gliederung innerhalb der nächsten Woche schreiben. Das ist effektives Zeit- (und Stress-) Management und beugt dem Aufschieben, einem gefährlichen Stressproduzenten, vor.

TIPP Zeitplaner

Ein Tipp: Es gibt unendlich viele durchdachte Zeitplanungssysteme in Papierform oder elektronisch. Lassen Sie sich keines aufdrängen. Sie allein werden – vielleicht erst nach einigen Misserfolgen – herausfinden können, mit welchem Sie am besten zurechtkommen. Vielleicht liegt Ihnen ja der Zeitplan in Papierform am meisten, den Sie selbst mit viel Mühe und Liebe zum Detail erstellt haben. Vorsicht Zeitfresser: Aber vielleicht können Sie die Gestaltung auch unter der Rubrik kreative Pause = Entspannung notieren.

„Zeitmanagement" gegen „Stressmanagement"

Es soll Menschen geben, die durch ihren Perfektionismus in Bezug auf Zeitplanung und -management erst richtig in Stress geraten – oder deren Anstrengung, die Zeit optimal zu nutzen, sie daran hindert, einfach in Ruhe vor sich hin das abzuarbeiten, was an Arbeit anliegt. Sie sind zu sehr damit beschäftigt, Zeit zu sparen, um sie dann – irgendwann einmal! – zur Entspannung übrig zu haben.

Zeitverschwendung kann hier und jetzt Entspannung bedeuten. Zum Beispiel: Auf Ihrer Familien-to-do-Liste der Woche stehen folgende Punkte: Reinigung, Post, Hundefutter besorgen, Lebensmitteleinkauf, Bibliothek, Emma zum Schwimmunterricht fahren.

Unter rein rechnerischen Zeitmanagementkriterien und unter logistischen Aspekten ist es sicher günstiger, nicht viermal „in die Stadt zu fahren, um Besorgungen zu machen", sondern alles in einem Aufwasch zu erledigen, zum Beispiel während Emma ihre Bahnen schwimmt. Aber was ist, wenn Sie gern einkaufen gehen, weil Sie dann unter Leute kommen oder die neuesten Sonderangebote studieren können – und das für Sie Stressabbau bedeutet? Oder wenn Sie – trotz massiver Zeitverschwendung! – gerne vor der großen Scheibe im Hallenbad sitzen, den schwimmenden Kindern zuschauen und dabei vielleicht sogar ein bisschen einnicken, weil Sie es gar nicht mehr gewohnt sind, einfach stillzusitzen und nichts, aber auch gar nichts tun und denken zu müssen?

Zeitmanagement sollte also nicht zum Selbstzweck werden. Überlegen Sie dabei auch immer, was Ihnen guttut.

Planen nach der inneren Uhr

Gutes Stressmanagement heißt auch, den äußeren Zeitplan der eigenen inneren Uhr anzupassen. Diese sitzt im Gehirn und steuert die meisten unserer Körperfunktionen und Verhaltensmuster, und zwar in einem Rhythmus, der in Wellen mit Hochs und Tiefs ungefähr einem Tag entspricht. Man nennt dies deshalb „zirkadiane Rhythmik" (zirkadian = aus dem Lateinischen: etwa ein Tag). Die Leistungshöhepunkte der meisten Menschen liegen am Vormittag, gefolgt von einem Mittagstief und einem Zwischenhoch am frühen Abend. Danach fällt die Leistungskurve kontinuierlich ab und erreicht in den ganz frühen Morgenstunden ihren absoluten Tiefpunkt. Auch die Fähigkeit zur Entspannung ist nicht gleichmäßig über den Tag verteilt – und das Schlafbedürfnis und die Leicht- und Tiefschlafphasen sowieso.

Der Mittagsschlaf

Wer mittags häufig müde ist, sollte besonders wichtige Aufgaben besser am Vormittag erledigen – oder sich ein Nickerchen gönnen, um dann wieder neu durchstarten zu können. In Deutschland ist der Mittagsschlaf – obwohl in vielen anderen Ländern gang und gäbe – erst gerade wieder im Kommen. Was früher einfach die Erfahrung lehrte, ist mittlerweile wissenschaftlich erwiesen. Ein Nickerchen zwischendurch brauchen sehr viele Menschen. Als „Power nap", also „Kraftschläfchen" (der Ausdruck stammt von einem amerikanischen Sozialpsychologen), fördert er die Konzentrations- und Merkfähigkeit – und die Leistungsfähigkeit. Auch das Herzinfarktrisiko kann durch einen regelmäßigen Mittagsschlaf gooonkt werden.

Wer sich nur mühsam durch das Mittagstief quält, das unsere innere Uhr (meist zwischen 13 und 15 Uhr) „eintaktet", gewinnt wenig außer einem Plus an Fehlern, Unfällen und schlechter Laune. Also nehmen Sie sich, wenn es irgendwie geht, die Zeit. Es reichen 10 bis 20 Minuten. (Mehr sollten es auch nicht sein, um nicht in den „Tiefschlafmodus" umzuschalten).

Sie befinden sich als Mittagsschläfer übrigens in bester Gesellschaft – so zeigen uns Berichte aus großen Dax-Unternehmen, der NASA, ... und seit langem die Sitten und Gebräuche anderer Länder, zum Beispiel der Italiener, Spanier und Japaner. Wenn Sie sich auf die Anforderung Ihrer inneren Uhr einlassen, klappt das auch gut in der Kantine, im Pausen-

INFO Eulen und Lerchen

Im Großen und Ganzen lässt sich die Menschheit in zwei große Gruppen einteilen. Morgenmuffel (auch Eulen oder Nachtigallen genannt) sind einfach später fit als Lerchen, die schon frühmorgens putzmunter sind und nicht viel später zur Höchstform auflaufen. Der Zeitraum, in dem Eulen ihr Leistungshoch haben, erstreckt sich dagegen vom frühen Nachmittag bis in den Abend hinein. Manche von ihnen behaupten sogar, nachts am effektivsten arbeiten zu können.
Ob nun Eule oder Lerche: Dieser innere Rhythmus ist uns angeboren, und gegen ihn können wir auf Dauer nicht leben, sonst geraten wir in Stress.

raum, im Bus, auf einer Parkbank, sogar im Büro, wenn Sie sich zurücklehnen oder den Kopf auf die Schreibtischplatte legen.

Wenn das so einfach wäre, werden Sie sagen! Die wenigsten von uns können ihr Leben und ihre Arbeitszeiten einfach nach eigenem Gutdünken planen und einrichten – von Menschen, die in Schichtarbeit oder mit Nachtdiensten arbeiten müssen, wie wir gesehen haben wesentliche Risikofaktoren für stressbedingte Krankheiten (siehe Seite 33), ganz zu schweigen. Das sollte uns aber nicht daran hindern, dort, wo wir Kontrolle über unseren Zeitplan haben, im Einklang mit unserem eigenen (hormonell gesteuerten) Rhythmus zu leben.

Versuchen Sie zumindest in Ihrer Freizeit nicht gegen Ihre innere Uhr zu leben. Lerchen (siehe Kasten oben), die trotz Müdigkeit nicht früh genug ins Bett gehen (der Fernsehfilm ist zu spannend, alle anderen beginnen erst um 23 Uhr zu feiern, nur spätabends habe ich meine Ruhe...) werden über kurz oder lang an einem Schlafdefizit leiden, ebenso wie die Eule, die immer früh „raus muss", aber abends einfach nicht zur Ruhe kommt. Und zu wenig Schlaf schadet in kurzer Zeit einer wichtigen Ressource: Ihrer Gesundheit.

Nein sagen:
Planen bis zur Grenze, aber nicht darüber hinaus!

Einen ganz wesentlichen Punkt haben wir bisher noch nicht angesprochen: Das Nein-Sagen. Die Fähigkeit, Nein zu sagen, Grenzen zu setzen, ist nicht nur im Zeitmanagement eine wirksame Methode, Stress, der durch Zeitdruck entsteht, vorzubeugen. Menschen, die Probleme damit haben, geraten fast zwangsläufig in Stress. Denn sie ziehen sie geradezu an – die vielen Zusatzaufgaben und Extraverpflichtungen.

Und warum sagen sie nicht Nein? Es gibt viele Gründe: Da ist die Angst, nicht mehr der oder die „Nette" zu sein und dafür „geliebt" zu werden, nicht mehr den eigenen Ansprüchen an Hilfsbereitschaft und Leistungsfähigkeit zu genügen. Oder die Angst, das Selbstbild, der oder die zu sein, der oder die immer und überall für alle da ist, alles unter Kontrolle hat, für alles und jeden Verantwortung übernimmt, nicht mehr aufrechterhalten zu können.

In manchen Fällen ist es einfach auch die Bequemlichkeit, sich Gedanken zu machen. Sie denken nicht darüber nach, dass auch ihr Tag nur 24 Stunden hat und dass auch sie Pläne und Vorhaben, Interessen, Wünsche und Bedürfnisse haben, die sie in ihrer Zeit unterbringen wollen. Viele „nette" Mitmenschen, die nicht Nein sagen können, die man deshalb „immer wieder gern" um einen Gefallen bittet, haben meist auch gar kein Gespür dafür, wann ihr Zeitplan schon übervoll ist und wo die Grenzen ihrer Leistungs- und Leidensfähigkeit liegen.

Häufig geht es aber gar nicht um das Nein gegenüber anderen. Wer mit seiner Zeit planvoll im Sinne der Stressreduktion und Stressprävention umgehen will, muss oft Nein sagen: zum Beispiel gegen den eigenen Perfektionismus oder gegen die Versuchung, auch das und dann noch das Nächste und Übernächste „zeitlich unterbringen zu wollen" – und dabei muss es sich gar nicht um Arbeit, Pflichten und Aufgaben handeln. Auch Freizeit kann so vollgestopft sein, dass sie stresst.

„Aus-"Zeiten planen – ausschalten!

Die „ständige berufliche Erreichbarkeit" wird immer wieder als wesentlicher Stressfaktor genannt. Laut DAK-Gesundheitsreport 2013, der zwar die weite Verbreitung dieser Erreichbarkeit durch Zahlen widerlegt (nur

INFO Immer empfangsbereit?

Auch die ständige Erreichbarkeit ganz ohne beruflichen Hintergrund stresst. Hindert sie uns nicht daran, uns voll und ganz auf eine Sache einzulassen, weil wir ständig auf Empfang und damit auch auf Abruf sind? Dürfen wir einen Verdacht äußern? In Ihrem Protokoll des Ist-Zustands haben Sie nicht vermerkt, dass Ihr (eingeschaltetes) Handy Ihr ständiger Begleiter war – und Sie deshalb Ihre Empfangsbereitschaft als (schraffierten) Hintergrund aller zeitgetakteten Tätigkeiten, Ereignisse ... hätten protokollieren müssen. Und haben Sie vermerkt, wann und wie oft Sie einen Blick auf Ihr Smartphone geworfen haben, um Ihre Facebook-Seite, Ihre „Instant-Messaging-App" oder Ihre Mailbox zu „checken"?

jeder sechste Arbeitnehmer werde tatsächlich einmal pro Woche oder öfter außerhalb der Arbeitszeit angerufen), erhöht sie deutlich das Risiko, an einer psychischen Störung zu erkranken. Im Fazit des Stress-Reports 2012 wird deshalb unter wenigen anderen die Begrenzung beruflicher Erreichbarkeit für einen verbesserten persönlichen Umgang mit beruflichem Stress gefordert.

Mit Multitasking die Zeit multiplizieren?

Eigentlich klingt es nach einem effektiven Trick des Zeitmanagements: die Zeit einfach zu vervielfachen, wenn man sie doppelt, dreifach... belegt. In vielen Berufen, so heißt es, wird auf diesen Trick gesetzt. Im Stressreport 2012 wird eine vom Bundesinstitut für Berufsbildung (BIBB) in Kooperation mit der Bundesanstalt für Arbeitsschutz und Arbeitsmedizin (BAuA) durchgeführte Befragung von Erwerbstätigen zitiert, nach der zwei Drittel der Verwaltungs- und Büroarbeiter mehrere Arbeitsaufträge zeitgleich zu erledigen haben. Anscheinend ist heute die Fähigkeit gefordert, beim Telefonieren eine E-Mail lesen und beantworten zu können und dabei der Arbeitsanweisung eines Kollegen zuzuhören, sie zu verstehen und ausführen zu können. So spare man Zeit!

Aber: Inzwischen hat man genauer erforscht, wie das mit dieser Zeitersparnis tatsächlich ist. Dabei ging es zuerst einmal um die Frage: Sind wir – das heißt hier unser Gehirn – überhaupt zum Multitasker geboren? In einer Hinsicht sicher: Wir können essen und dabei reden oder fernsehen. Wir können Radfahren und dabei auf den Straßenverkehr achten. Wir können gehen und dabei sprechen, die Schaufensterauslagen begutachten oder das Panorama bewundern. Wir können also gleichzeitig aufmerksam planerisch handeln und etwas tun, was wir gewohnt sind zu tun, was in unserem prozeduralen Gedächtnis als Fertigkeit, Handlungsmuster und „Wissen, wie man etwas macht" abgespeichert ist.

Schwieriger wird dies, wenn zwei „aufmerksamkeitsintensive" und „entscheidungsintensive" Anforderungen gleichzeitig erledigt werden sollen. Hier müssen Multitasker – so haben inzwischen viele Untersuchungen bewiesen – Einbußen an Tempo und Effektivität ihrer Arbeitsweise und an der Qualität ihrer Ergebnisse hinnehmen.

Hirnforscher konnten zeigen, dass die vermeintliche Gleichzeitigkeit beim aufmerksamkeitsintensiven Multitasking ein schnelles Hin- und Herspringen zwischen den Aufgaben ist. Eine simultane Verarbeitung nicht automatisierter Aufgaben ist nicht möglich. Unser Gehirn ist dazu nämlich nicht in der Lage. Die Anforderung, es trotzdem zu tun, kostet mehr Energie als das strukturierte Nacheinander, verlangsamt den Verarbeitungsprozess insgesamt und macht Stress.

Unterbrechungen brechen ab

„Störungen und Unterbrechungen bei der Arbeit" sind neben der Anforderung, verschiedene Aufgaben gleichzeitig zu betreuen, und natürlich Termin- und Leistungsdruck ein weiteres Merkmal, welches im Stressreport 2012 als Belastungsfaktor hervorgehoben wird.

Inzwischen gibt es zu diesem Thema eine ganze Anzahl von Studien, die zeigen, wie schädlich Unterbrechungen für die Konzentration sind. Selbst kurze Unterbrechungen – wie die Schrecksekunde nach dem Klingeln des Telefons, das dann doch auf den AB umschaltet, oder die kurze Zeit, die man braucht, um das Klingeln eines Smartphones zum Verstummen zu bringen – führen nachweislich zu einer höheren Fehlerquote, weil die Konzentration nicht nur unterbrochen wird, sondern „abbricht". Auch die Leistungsfähigkeit nimmt ab, weil das ständige Wechseln zwischen zwei Aufgaben sehr viel anstrengender ist, als bei einer Sache zu bleiben. Wir alle erleben das als Verzetteln, bei dem kein vernünftiges und effektives Arbeiten mehr möglich ist. Dazu kommt: Unkontrollierbare Unterbrechungen durch einen unerwarteten Anruf zum Beispiel, das Hereinplatzen eines Kollegen oder den Ton, der eine neue SMS oder E-Mail meldet, machen Stress – dies nicht nur bei der Arbeit. Sie stressen, weil sie eine ständige Hab-Acht-Haltung erzeugen.

Planen mit Ziel

Zeit zu (ver)planen ist kein Selbstzweck. Also Planen mit Ziel! Und das heißt: Ich frage nicht: „Wie teile ich mir meine Zeit (den Tag, die Woche) ein?", sondern: „Was will ich bis heute Abend, bis zum Ende der Woche, des Monats, in einem Jahr, in fünf Jahren erreicht haben?"

Zeitmanager, die sich mit Zielsetzung beschäftigen, kommen nicht um das Akronym **S.M.A.R.T.** herum. Es ist eine Chiffre für eine sinnvolle Zielsetzung, die folgende Eigenschaften aufweisen sollte:

S wie Specific (Spezifisch) Smart-Ziele müssen klar definiert sein
M wie Measurable (Messbar) Smart-Ziele müssen messbar sein
A wie Achievable (Erreichbar) Smart-Ziele müssen angemessen, ausführbar und attraktiv, da sinnvoll und zielführend sein
R wie Realistic (Realistisch) Smart-Ziele müssen realistisch sein
T wie Time framed (Terminierbar) Smart-Ziele müssen in einem festgelegten Zeitraum zu erledigen sein.

Ein Beispiel aus dem Alltag: Nicht **SMART** wäre zum Beispiel die Zielformulierung: Ich müsste mal wieder aufräumen.

SMART dagegen ist:

S = Mein Arbeitszimmer aufräumen.
M = Wenn ich mit dem Aufräumen fertig bin, ist der Schreibtisch bis auf das, woran ich gerade arbeite, leer, die Ordner stehen geordnet an ihrem Platz.
A = Wenn ich aufgeräumt habe, komme ich endlich wieder zum effektiven Arbeiten – und finde die Quittungen fürs Finanzamt wieder.
R = Nun ja, das müsste doch in etwa zwei Stunden zu schaffen sein.
T = Am Samstag vor der Bundesliga will ich damit fertig sein – sonst bleibt der Fernseher aus!

Ziele überdenken: Wie will ich leben?

Eben lautete die Frage: „Was will ich bis ... erreichen?" Es ging also um Ziele, die ich konkret durch meine Arbeit oder diese oder jene Tätigkeit erreichen will. Aber gehen darin auch meine persönlichen Ziele auf?

Wenn Sie zurückblicken: Was wollten Sie eigentlich in der inzwischen verflossenen Zeit tatsächlich erreichen? Womit haben Sie sie verschwendet? Was hat nicht geklappt? Wofür fehlte Ihnen die Zeit? Und für jetzt und für die Zukunft: Welche Ziele haben Sie für Ihr Leben? Wozu brauchen Sie mehr Zeit?

Formulieren Sie Ihre Bedürfnisse, Interessen, Wünsche, Aufgaben und Werte, die Sie für sich und Ihr Leben als wichtig und bedeutsam erkannt haben. Suchen Sie eine Antwort auf die Frage: „Wie will ich eigentlich leben?" Klären Sie, wie Sie Ihr Zeitmanagement daraufhin ausrichten können. Haben Sie genügend Zeit zur Verfügung, um sich immer wieder darüber Gedanken machen zu können?

Was gibt mir Sinn?

Was gibt mir Sinn? Es ist gar nicht so leicht, sich mit dieser Frage auseinanderzusetzen. Vielleicht hilft Ihnen eine Vorlage. Sie stammt aus dem „Berner Ressourcen-Inventar" (mehr siehe Seite 190), einem Fragebogen, der entwickelt wurde, um herauszufinden, welche Fähigkeiten die befragte Person zur Verfügung hat, um ihre zentralen Bedürfnisse zu befriedigen und ihre wesentlichen Ziele zu verfolgen. Ein wichtiger Abschnitt bezieht sich dabei genau auf die Frage, die wir Ihnen eben gestellt haben, und worüber nachzudenken Sie Zeit haben, Sie sich Zeit nehmen, Sie sich Zeit freischaufeln sollten. Sie finden ihn auf der folgenden Seite. Wollen Sie die Fragen des Berner Ressourcen-Inventars als Nachdenkhilfe verwenden?

Ganz wichtig: Entschleunigung

Leider wird Zeitmanagement oft missverstanden als Management zur Beschleunigung aller unserer Aktivitäten. Dabei verlieren wir oft das Ziel aus dem Auge, nämlich Zeit für das Wesentliche zu finden – sowohl im Arbeitsleben als auch außerhalb.

Sinnerleben

Über verschiedene Lebensphasen hinweg finden Menschen durch sehr unterschiedliche Tätigkeiten und Interessen Sinn in ihrem Leben. Bitte schätzen Sie im Folgenden ein, wie häufig die folgenden Tätigkeiten Ihnen zurzeit ein Gefühl von Sinnhaftigkeit vermitteln.

	Zur Zeit finde ich _____ Sinn in meinem Leben, indem ...	nie	zeitweise	sehr häufig
1	... ich Einfluss – zum Beispiel auf wichtige Entscheidungen – nehme.	☐	☐	☐
2	... ich gute Leistungen erbringe.	☐	☐	☐
3	... ich mich bemühe, mit anderen Menschen gut auszukommen.	☐	☐	☐
4	... ich für andere da bin, wenn sie mich brauchen.	☐	☐	☐
5	... ich auf meine Gesundheit achte.	☐	☐	☐
6	... ich mich mit meinem Glauben oder Spiritualität auseinandersetze.	☐	☐	☐
7	... ich selbstständig mein Leben meistere.	☐	☐	☐
8	... ich mir konkrete Ziele setze, die ich erreichen möchte.	☐	☐	☐
9	... ich mir für nahestehende Personen (Partnerin, Familie, Freunde) viel Zeit nehme.	☐	☐	☐
10	... ich mein Hobby ausübe.	☐	☐	☐
11	... ich mich vielfältig interessiere.	☐	☐	☐
12	... ich mich für die Entwicklung meiner Persönlichkeit engagiere.	☐	☐	☐

Was das ist, kann jeder nur für sich selbst herausfinden. Und dafür brauchen wir Zeit – nicht mühsam freigeschaufelte Zeit, die es dann wieder zu füllen gilt, sondern eigentlich Zeiten der Zeitlosigkeit – genauer: in denen Zeit keine Rolle spielt.

Aber dafür müssen wir erst lernen, unser Tempo zu drosseln. Gutes Zeitmanagement im Dienst eines effektiven Stressmanagements ist also auch „Entschleunigung" im Sinn einer bewussten Verlangsamung. Die ist durchaus im Trend und kann tatsächlich Stress reduzieren. Leider schaffen es gerade Gestresste nicht, ihr hektisches Tempo herunterzufahren. Gelingt es Ihnen? Halten Sie die Ruhe aus?

Wie Sie Entschleunigung üben können, haben Sie im Kapitel „Stress lass nach!" ab Seite 125 erfahren.

DAS ANTI-STRESS-KONZEPT

Stressbewältigung ist vor allem Kopfarbeit. Durch Nachdenken und Neudenken können wir klären, welche Probleme wir anpacken können. Und: Wir können einen Schritt zurücktreten, um von einem anderen Standpunkt aus eine neue Sicht zu gewinnen. So können wir unsere Stresskonstellation verändern. Das Ergebnis: unser individuelles Anti-Stress-Konzept.

Sich distanzieren können

Eine wichtige Strategie gegen den Stress ist das Sich-distanzieren-Können. Vielleicht überrascht Sie das erst einmal. Denn wenn wir auf den griffigen Ausdruck der Flight-or-Fight-Reaktion zurückgehen (siehe Seite 18), könnte man die Strategie, „sich zu distanzieren" von dem, was uns belastet und unter Druck setzt, als typische Flucht beschreiben – im Gegensatz zu den problemorientierten Strategien, die den Kampf aufnehmen. Sich distanzieren hat deshalb oft einen negativen Beigeschmack. Viele Stressforscher reihen es ein unter die Rubrik der wenig förderlichen defensiven (vermeidenden) Copingstrategien (siehe Seite 100). Auch in vielen Beschreibungen der verschiedenen Symptome, die einen Burnout kennzeichnen, ist das Sich distanzieren als Symptom aufgelistet, das dann eintritt, wenn ich nicht mehr klarkomme, also förderliches Coping längst versagt hat.

Aber bleiben wir bei der Fluchtreaktion: Manchmal ist „Flucht" angesagt, nämlich dann, wenn im Moment ein „Kampf", also die aktive Auseinandersetzung nicht möglich ist. Das kann dann sein, wenn wir auf die Gefahr überhaupt keinen Einfluss haben oder die Bedrohung unsere (derzeitigen) aktiven Bewältigungsmöglichkeiten übersteigt. „Flucht" ist manchmal auch notwendig, wenn wir einen Verlust nicht mehr ändern können und seine Verarbeitung (noch) nicht möglich ist.

Ein Beispiel: Denken Sie an den fast regelhaft ablaufenden Trauerprozess, den Menschen nach dem Verlust eines geliebten Angehörigen durchmachen. Zu Anfang steht immer das Nicht-wahrhaben-wollen, bei dem der Verlust verleugnet wird. Auch in Bezug auf die eigene Stressreaktion findet in dieser ersten Phase eine Distanzierung statt. Der Trauernde ist empfindungslos und starr vor Entsetzen. Erst nach und nach wird ein anderes Coping, also anderes Bemühen, den Verlust bewältigen zu können, möglich.

Ein anderes Beispiel: Menschen mit chronischer oder lebensbedrohlicher Krankheit und deren Angehörige brauchen die Fähigkeit der Distanzierung, um trotz allem Alltag leben zu können oder überhaupt am Leben teilnehmen zu können. Gedankliche Distanzierung ermöglicht uns, Luft zu holen. Sie wirkt palliativ oder regenerativ (siehe Kapitel „Stress lass nach!", Seite 111).

Ablenkung

Ablenkung gilt manchen ebenso wie Verdrängung und Verleugnung als wenig effektive Strategie gegen den Stress. Aber: Sich ablenken können heißt nicht, die Wirklichkeit zu verleugnen, sondern die Aufmerksamkeit auch auf andere Dinge zu lenken. Ablenkung kann bewusst eingesetzt werden, um vorübergehend gedanklich und emotional Abstand zu gewinnen. Wir gestatten uns für diese Zeit eine „Auszeit", weil wir möglicherweise noch Zeit brauchen und eine aktive (nicht defensive) Auseinandersetzung nur in Raten möglich ist. Durch die Wahl der ablenkenden Aktivitäten oder Gedanken und ihren gezielten Einsatz als Ablenkung können wir die Kontrolle über uns und unsere Stresskonstellation wieder gewinnen, also ganz aktiv Stressreduktion betreiben.

Es gibt unendlich viele Möglichkeiten, sich abzulenken. Tagträume können Sie aus der Realität, die Sie momentan überfordert, entführen, Filme, Bücher, Gespräche mit anderen, die Sie an anderen Schicksalen teilhaben lassen und von Ihrem eigenen ablenken. Aktivitäten wie Werken, Tanzen, Musizieren… können unsere ungeteilte Aufmerksamkeit erfordern und keinen gedanklichen Raum mehr für unseren Stress lassen. Ablenkend wirken auch aktive Entspannung (also Übungen, die der Entspannung dienen) und Sportarten, bei denen unsere Gedanken nicht schweifen – und damit auch nicht zum Problem zurückkehren – können.

Sie wissen selbst am besten, was Ihnen als Ablenkung guttut. Eine „effektive Copingstrategie" (siehe Seite 105) ist Ablenkung dann, wenn sie Sie nicht dauerhaft daran hindert, sich Ihrer Stresskonstellation wieder zuzuwenden, um „an weiteren Schrauben zu drehen" und sie allmählich zu verändern.

Distanzierung von Stressgedanken

Distanzierung kann auch Sinn machen, wenn wir von unseren „stressverstärkenden" Gedanken überwältigt werden oder wenn wir uns durch ständiges Grübeln noch mehr „Stress machen", weil wir ständig darüber nachdenken, was Schreckliches passiert ist, was gerade passiert und was noch viel Schlimmeres passieren könnte.

„Gedankenstopp"

Die Gedankenstopp-Übung ist eine gute Möglichkeit zu „fliehen", wenn wir in unseren negativen Gedanken gefangen sind. Genau genommen ist sie Bestandteil einer (konditionierenden) Verhaltenstherapie. Denn die Technik beruht darauf, dass wir für unser gedankliches Wiederkäuen – „Ruminating", wie unser Grübeln so treffend im Englischen heißt – durch das Hervorrufen einer Schreckreaktion bestraft werden.

Diese „Abschreckung" geschieht dadurch, dass wir in unseren stressenden immer wiederkehrenden Gedanken, die uns im Kopf kreisen, für eine „Schrecksekunde" durch ein lautes „Stopp" des Therapeuten unterbrochen werden. Die Gedankenstopptechnik ist aber auch wirksam, wenn wir sie ohne Anleitung, also als Selbstinstruktion, einsetzen, vorausgesetzt, wir trainieren sie genügend. Nach und nach lernen wir, durch ein zu uns selbst gesagtes oder später auch nur noch gedachtes „Stopp" unerwünschte Grübeleien, Katastrophengedanken oder belastende „Bilder" im Kopf zu stoppen und letztlich ganz abzubauen.

Distanz gewinnen von Angst und Sorgen

Vor allem bei diversen Ängsten oder Sorgen, die uns Stress machen, ist die Distanzierung der erste Schritt, sie zu überwinden. Viele Menschen stressen sich selbst durch ihre Ängste und Befürchtungen. Sie sind geradezu fixiert auf bestimmte Stressoren, die sie als Gefahr bewerten und die für sie nun derart bedrohlich sind, dass sie Angst machen. Denken Sie an Menschen, die ständig in Sorge leben, in ihrem Leben zu versagen, in Gesellschaft peinlich aufzufallen, diese oder jene Krankheit zu haben, oder die befürchten, in bestimmten Situationen oder angesichts bestimmter Objekte in Angst und Panik zu verfallen. Sie verstricken sich regelrecht darin und geraten in einen Teufelskreis, aus dem sie nur durch Distanzierung von diesen Gedanken herauskommen können. Erst aus der Distanz heraus können ängstigende „Denkfehler" (siehe auch Seite 91) als solche erkannt und korrigiert werden. Viele Anti-Stress-Trainingsprogramme funktionieren über eine solche – erste – Distanzierung (siehe Seite 198).

Meditation und Distanzierung

Im Kapitel „Stress lass nach!", Seite 111, haben wir Ihnen Meditation und Achtsamkeit unter dem Gesichtspunkt der Entspannung empfohlen. Durch sie ist – dafür mehren sich die Hinweise in medizinischen Studien – dieselbe „Entspannungsantwort" unseres Körpers (siehe Seite 112) zu erreichen wie durch klassische medizinische Entspannungstechniken.

Aber es geht dabei ja nicht allein um die „neurobiologische" Reaktion unseres Körpers. Entspannung ist im eigentlichen Verständnis auch nicht das Ziel, sondern die Distanzierung von dem, was stresst. Denn während der Zeit der Meditation kann es gelingen, im Moment und nicht in der Vergangenheit mit ihren Verlusten und unseren Fehlern oder in der Zukunft mit ihren Forderungen und Gefahren zu leben. Es handelt sich dabei also nicht nur um eine rein körperliche, sondern auch um eine mentale – geistige – Übung gegen den Stress.

Immer häufiger wird diese Wirkung der Meditation in unserem modernen westlichen Kulturkreis als mentale Stressbewältigungsstrategie eingesetzt. Ein wichtiger Aspekt ist dabei die „Achtsamkeit" (siehe Seite 125). Es geht um die Erfahrung, über lange Zeit einzig und allein einen Gegenstand im Hier und Jetzt mit allen Sinnen und größtmöglicher Intensität wahrzunehmen, ohne ihn in geringster Weise zu bewerten, ohne ständiges Sortieren, Klassifizieren, Urteilen und Richten. Um diese Achtsamkeit zu lernen, wird meist mit einer scheinbar ganz einfachen Übung, zum Beispiel dem Betrachten einer Rosine, begonnen.

DIE ROSINE

Wollen Sie einmal ausprobieren, achtsam zu sein?

→ Nehmen Sie eine Rosine zur Hand. Liegt sie in Ihrem Handteller? Wie fühlt sich das an? Wie sieht sie aus?

→ Nehmen Sie sie nun zwischen Ihren Daumen und Zeigefinger: Ist sie weich, trocken? Lässt sie sich drücken, kneten? Welches Geräusch macht das? Hören Sie genau hin! Und: Wie riecht die Rosine? Woran erinnert Sie der Geruch?

→ Nehmen Sie nun die Rosine in den Mund! Wie verspüren Sie sie auf der Zunge? Betasten Sie sie mit Ihrer Zunge. Spüren Sie die Runzeln, Rillen – sicher viel intensiver als mit dem Fingern! Wie fühlt sie sich in der Backenwand an, am Gaumen. Läuft Ihnen das Wasser im Mund zusammen?

→ Zerkauen Sie jetzt die Rosine ganz langsam. Wie fühlt sich das zwischen den Zähnen an? Wie schmeckt sie? Können Sie den Geschmack in all seinen Einzelheiten beschreiben? Ist die Rosine nur süß und immer gleichbleibend im Geschmack?

→ Schlucken Sie jetzt ganz langsam. Spüren Sie der Rosine auf ihrem Weg in den Magen nach...

Gelingt Ihnen diese Übung? In aller Ruhe und Achtsamkeit?

Diese „Rosinen-Übung" ist die erste Übung eines inzwischen weit verbreiteten Programms zur Stressreduktion, das Jon Kabat-Zinn unter dem Namen MBSR (Mindfulness Based Stress Reduction – deutsch: achtsamkeitsbasierte Stressreduktion oder „Stressbewältigung durch Achtsamkeit") entwickelt hat. Seine Wirksamkeit wurde inzwischen in vielen wissenschaftlichen Untersuchungen erwiesen. Das Programm wurde zu Beginn überwiegend Menschen mit chronischen körperlichen Erkrankungen angeboten. Heute wird es gezielt zur Vorbeugung von stressbedingten Erkrankungen eingesetzt. (Mehr dazu siehe „Erfolgreiche Stresspräventionsprogramme, im Serviceteil Seite 198.)

Auch in den weiteren Achtsamkeitsübungen, dem Body-Scan, einigen einfachen Körperübungen aus der Yogapraxis, der Sitzmeditation und der Gehmeditation, geht es wie schon in der Rosinen-Übung um die unmittelbare Erfahrung des gegenwärtigen Moments, unabhängig davon, ob diese Erfahrung als angenehm oder unangenehm empfunden wird.

Wichtig ist dabei nicht das Objekt der Be(ob)achtung, sondern die Übung, die als „stilles Zusehen" als „unparteiisches nicht beurteilendes Beobachten" beschrieben wird. Die Zeit ist ausgeschaltet. Diese Präsenz in der Gegenwart bietet die Chance, weder der Vergangenheit „nach-" noch in die Zukunft „voraus-"denken zu müssen. Sie ist deshalb ein wesentlicher Bestandteil der achtsamkeitsbasierten Stressreduktion und eine Art Gegengift gegen unsere Stressverstärker und Stressmacher.

Und noch eine Übung:

ACHTSAMKEIT: EINEN SCHRITT ZURÜCKTRETEN

→ Setzen Sie sich ganz bequem in einen Sessel. Schließen Sie die Augen. Versinken Sie in Ihrem Sessel.

→ Spüren Sie, wie Sie sitzen? Wo berühren sich Ihr Körper und der Stoff, das Polster des Sessels? Registrieren Sie, wie der Sessel Sie stützt und hält? Spüren Sie Ihre Muskeln, wie Ihre Schultern langsam schwerer werden, fallen...?

→ Kommen Gedanken, Bilder, Erinnerungen, Sorgen? Sie stören nicht. Lassen Sie alles zu, was in Ihr Bewusstsein tritt. Werden Sie sich der eigenen aufkommenden Gedanken und Gefühle gewahr. Ihre Achtsamkeit richtet sich jetzt darauf. Sie sind jetzt Gegenstand Ihrer unparteiischen ungeteilten Aufmerksamkeit.

→ Ihre Gedanken beginnen zu schweifen. Sie kommen und gehen. Welche drängen sich vor, welche bleiben? Widersprechen sie sich? Lassen Sie den Widerspruch zu! Es geht einzig und allein um das „Gewahrwerden", nicht um die Kontrolle Ihrer Gedanken, Gefühle, Empfindungen.

INFO „Sich bewusst werden"

Diese Achtsamkeitsübung erinnert an die „freie Assoziation", die vom Patienten in einer psychoanalytischen Psychotherapie angestrebt wird. Auch die freie Assoziation setzt ein Üben voraus – kein Patient, der dazu aufgefordert wird, ist von Anfang an dazu in der Lage. Sie gleicht auch der gleichschwebenden Aufmerksamkeit, mit der der Psychoanalytiker auf das, was von seinem Patienten kommt, „achten" soll.
Beides gilt als Voraussetzung dafür, sich dem zu nähern, was nicht bewusst ist, aber doch unser Denken, Fühlen, Handeln und – in den Begriffen der Stresspsychologie – unser „Bewerten" beeinflusst.

Im Grunde handelt es sich bei der eben beschriebenen Übung um dieselbe Achtsamkeit wie bei der Rosinen-Übung. Der Unterschied liegt im Objekt: Während Sie bei der Rosinen-Übung ein äußeres Objekt zum Gegenstand Ihrer achtsamen Aufmerksamkeit gemacht haben, üben Sie nun, ein Objekt Ihrer Innenwelt – Ihre Gedanken, Gefühle, Bilder und Empfindungen – ganz genau zu betrachten.

Eine solche Achtsamkeitsübung ist das Gegenteil einer Konzentrationsübung. Denn das Ziel ist es gerade nicht, sich auf etwas Bestimmtes zu konzentrieren, sondern sich zu öffnen für alles, was Ihnen in den Sinn kommt. Das Ziel dieser Achtsamkeitsübung, bei der Sie Ihre gedankliche Innenwelt zum Gegenstand Ihrer Beobachtung machen, ist es, völlig offen für alles zu sein – ganz ohne Anstrengung oder Verpflichtung. Sie sortieren nicht, Sie klassifizieren nicht. Sie bewerten nicht. Sie beobachten nur. Damit werden Sie zu Ihrem eigenen Beobachter.

Der innere Beobachter und Neubewertung

Durch diese Achtsamkeitsübung werden Sie auch Ihren stressauslösenden und stressverstärkenden Gedanken begegnen. Aber Sie sind ja einen Schritt zurückgetreten und haben Distanz geschaffen zu Ihren „Stressverstärkern" (siehe Seite 91). Von Ihrem Beobachterposten aus erkennen Sie: Es sind Gedanken, nur Gedanken, nicht mehr, nicht weniger. Sie kommen, aber sie gehen auch wieder. Denn – das erfahren Sie

INFO Das Paradox

Achtsamkeit im buddhistischen Sinn „zielt" natürlich nicht auf ir-
gendetwas, auch nicht auf Neubewertung. Es geht ja gerade darum, nichts zu beabsichtigen. Die Distanzierung oder Dezentrie-
rung (siehe Seite 159) selbst scheint – darauf weisen Studien hin –
stressmindernd zu sein.
In unserem westlichen therapeutischen Verständnis spielt jedoch
die Identifikation mit dem „inneren Beobachter" eine große Rolle.
Sie kann verhindern, dass wir weiterhin gesteuert werden durch
unsere nicht hinterfragten Denkmuster und stressenden Gedan-
kenketten, und schaltet unseren „Autopiloten", wie Jon Kabat-
Zinn (siehe Seite 161) es genannt hat, aus.

jetzt – Gedanken sind flüchtig, wenn wir ihnen nicht zu viel Raum einräumen, sondern sie vorbeiziehen lassen.

Menschen, denen es gelingt, zu ihrem eigenen „inneren Beobachter"
zu werden, schaffen nicht nur Distanz zwischen sich und ihren Gedanken, Erinnerungen, Gefühlen, die Stress machen. Indem sie sich mit
dem „inneren Beobachter", also mit sich als Beobachtendem, identifizieren, gewinnen sie dessen Gelassenheit.

Sieht man es so, ist Achtsamkeit eine Vorbereitung für neue Bewertungen, weil sie es uns möglich macht, alte starre Denkmuster als
Stressverstärker zu erkennen. Wir identifizieren uns nicht mehr mit ihnen. Sie verlieren damit auch ihren Anspruch auf Realität und Wahrheit
und können neu betrachtet werden. Man hat diesen Effekt die Basis aller achtsamkeitsbasierten Stressreduktionsverfahren genannt.

„Selbsterforschung"

Natürlich spielt nicht nur in der MBSR (siehe Seite 161) diese Selbstbe-
obachtung eine große Rolle. Alle psychologischen Anti-Stress-Program-
me fußen ja auf der Erkenntnis, dass unser Stress nicht unabhängig von
unseren Gedanken darüber ist. Wenn wir Risikofaktoren durch unsere
Bewertungen zu unserem Stress „machen", so ist es einfach notwendig
zu wissen, wie das geschieht. Im Gegensatz zum „inneren Beobachter"

in einer Achtsamkeitsübung setzt das „persönliche Stressverstärkerprofil" von G. Kaluza aktive „Selbsterforschung" voraus. Sie haben die
Stressverstärker bereits auf Seite 91 kennengelernt. Der „Stressdetektiv", wie es Kaluza nennt, fragt gezielt nach den Bewertungen und danach, wie stark sie von unseren Stressverstärkern geprägt sind. Wenn
wir unseren Denkfehlern auf die Spur kommen wollen, müssen wir über
uns und unsere Gedanken nachdenken.

Das Dumme ist: Viele Menschen im Stress verlieren diese Fähigkeit,
über sich, die anderen und die Welt nachzudenken. Sie wieder zu vermitteln ist deshalb ein wichtiger Baustein guter Antistressprogramme.

Neu denken gegen Stress

Haben wir als unser innerer Beobachter und Stressdetektiv „Denkfehler" und Automatismen entdeckt, geht es ans Umdenken: zur Neubewertung des Stressors und zur Neustrukturierung unseres Denkens darüber. Das ist nicht einfach.

War es schon schwierig, Denkfehler auszumachen, wenn wir bisher
automatisch stressverstärkend gedacht haben, werden wir leider erfahren müssen, dass es noch schwieriger ist, Gedanken zu formulieren, die
nicht wieder durch unsere typische stressverstärkende „Weltanschau-
ungs"-Brille verfärbt sind. Denn wir sind ja an unsere Brille gewöhnt und
haben uns wohl auch festgefahren in unseren Bewertungen, Glaubenssätzen und Grundannahmen...

G. Kaluza schlägt in seinem Programm vor, gegen die (in harter Denkarbeit bewusst gemachten) persönlichen Stressverstärker konkrete „Ent-
schärfer" zu setzen und diese auch schriftlich zu notieren. Sehen Sie
sich dazu die Tabelle auf der folgenden Seite an.

Finden Sie in der Tabelle förderliche Gedanken, die zu Ihrem Stressprofil passen? Oder noch besser: Fallen Ihnen selbst Sätze ein, die Ihnen
als „Selbstregulation" (siehe Seite 30) gegen stressverstärkende Gedanken helfen könnten? Zum Beispiel: „Das wäre das erste Mal, dass ich so
etwas nicht schaffe!" Oder: „Davon geht die Welt nicht unter!" Oder:
„Wer sagt denn, dass ich immer alles allein machen muss!" Oder: „No-
body is perfect"...

Die fünf Stressverstärker und mögliche „mentale Gegenmittel"

Stressverstärker	Förderliche Gedanken
1. Sei perfekt!	Auch ich darf Fehler machen.
	Aus Fehlern werde ich klug.
	Weniger ist manchmal mehr.
	So gut wie möglich, so gut wie nötig.
	Ab und zu lasse ich fünf gerade sein.
	Ich gebe mein Bestes und achte auf mich.
2. Sei beliebt!	Ich darf „nein" sagen.
	Ich achte auf meine Grenzen/meine Bedürfnisse.
	Ich darf andere enttäuschen.
	Ich kann/will/muss es nicht allen recht machen.
	Nicht alle anderen müssen mich mögen.
	Kritik gehört dazu.
	Ich darf kritisieren/meine Meinung sagen.
3. Sei stark!	Schwächen sind menschlich.
	Ich darf um Hilfe/Unterstützung bitten.
	Ich gebe anderen die Chance, mich zu unterstützen.
	Ich kann/darf mich auf andere verlassen.
	Ich darf/kann delegieren.
	Ich darf meine Gefühle zeigen.
	Ich muss nicht alles selbst/allein machen.
4. Sei vorsichtig!	Ich akzeptiere, was ich nicht ändern kann.
	Ich kann/muss nicht alles kontrollieren/planen.
	Risiko/Unsicherheit gehört dazu.
	Störungen sind Teil des Jobs/des Plans.
	Ich bleibe gelassen, auch wenn ich nicht weiß, was kommt.

Stressverstärker	Förderliche Gedanken
5. Ich kann nicht!	Ich schaffe es.
	Ich habe schon ähnliche Situationen gemeistert.
	Ich nehme es als Herausforderung an.
	Ich vertraue auf mich.
	Ich weiß, was ich kann.
	Ich kann es aushalten.
	Alles geht auch wieder vorüber.

© Kaluza: Stressbewältigung; Springer-Verlag: Berlin, Heidelberg 2011, S. 114.

„Selbstgespräche"

Und jetzt? Sprechen Sie folgende Sätze! Sprechen Sie sie so, wie wenn Sie einem Freund, der sich ständig (stressverstärkende) Gedanken macht, den Kopf zurechtsetzen wollten: „Alles halb so schlimm", „eins nach dem anderen", „erst mal tief durchatmen", „Schwächen sind menschlich", „nichts wird so heiß gegessen, wie es gekocht wird", „no risk no fun". Ihnen fallen sicher eine Reihe hilfreicher und genau passender Sätze ein, die Sie zu einem Freund in Ihrer Situation – in Ihrer Stresskonstellation – sagen würden.

Warum sprechen Sie nicht mit sich selbst?! Sie sind sich selbst der beste Freund, dem Sie „Instruktionen" an die Hand geben können, wie er seinen hausgemachten Stress überdenken kann. Nach und nach werden Sie hoffentlich in der Lage sein, die neuen Sätze in Ihrem inneren Selbstgespräch an die Stelle der alten Stressverstärker zu setzen – und so Kontrolle zu gewinnen über Ihre Stresskonstellation.

Übrigens: Wenn Sie dies tun, bedienen Sie sich einer wesentlichen Übung, dem „Selbstinstruktionstraining". Es ist ein wichtiger Baustein innerhalb des international wohl bekanntesten wissenschaftlich fundierten Stresspräventionstrainings, dem Stressimpfungstraining (SIT) von Donald Meichenbaum, das auch in Deutschland weite Verbreitung gefunden hat.

Innerhalb des „Stressimpfungstrainings", bei dem Sie gegen überschießende Stressreaktionen „geimpft" werden, bleibt diese Selbst-

instruktion oder Selbstverbalisierung (Selbstgespräch) keine Trocken-
übung wie hier. In einem SIT-Kurs trainieren Sie zuerst in phantasierten,
aber dann auch gezielt in konkreten Stresssituationen, im Selbstgespräch mit Ihren positiven Selbstinstruktionen auf Ihre altbekannten
stressverstärkenden „Sätze" zu antworten.

Das SIT (Stressimpfungstraining) funktioniert also wie eine aktive Imp-
fung: Durch die Verabreichung kleiner bewältigbarer Dosen eines Krank-
heitserregers/Stressors wird Ihr „Anti-Stress-Immunsystem" alarmiert,
damit es lernt, sich auf den richtigen Angriff des Erregers/Stressors vor-
zubereiten.

Positive Neubewertung

Das Ziel einer Neubewertung ist ein positives (stressreduzierendes) Denken als Folge einer kritischen Überprüfung eigener (stressverstärkender)
negativer Gedanken. Ein weiterer Schritt in Richtung Stressreduktion ist
das „Reframing", das unserem Stressor einen neuen Rahmen (englisch
frame = Rahmen) gibt. Viele Menschen verwenden diese Strategie, um
auch belastenden Ereignissen etwas Positives abzugewinnen. Zum Beispiel können Sie Ihren Ärger darüber, dass Ihr Urlaubsantrag für den Au-
gust nicht bewilligt wird, dadurch abmildern, dass Sie sich bewusst machen, dass das Klima im Herbst sehr viel angenehmer ist. Oder Sie können – wie Frau B. im Stau (siehe Seite 70) – dem befürchteten Zuspät-
kommen eine andere Bedeutung geben: Es bietet die Chance für ein
Gespräch unter vier Augen! Oder Sie können sich fragen, was Sie aus
diesem oder jenem, was Sie gerade „stresst", lernen können. Oder Sie
können die Erfahrung aus einer Erkrankung nutzen, in Zukunft achtsa-
mer mit sich umzugehen.

Ein neuer Rahmen

Als spezielle Technik wird dieses Reframing häufig in Anti-Stress-Seminaren angewandt. Die Theorie: Wenn wir erst einmal unseren Tunnel-
blick erweitern, mit dem wir – wie das sprichwörtliche Kaninchen auf
die Schlange – auf unseren Stressor blicken, wird eine ganz neue Sicht
auf unseren Stressor möglich. Wir können ihn in einem neuen „Bezugs-
rahmen" wahrnehmen. Und plötzlich sieht er anders aus. Im Grunde
geht es also beim Reframing darum, eine Belastung nicht nur als Bedro-

hung und Gefahr zu bewerten und damit zum Stressor zu machen, sondern in ihr Möglichkeiten zu entdecken, die sie eröffnet – sie also auch als Chance zu betrachten.

Einfach „positiv denken"?

Die Strategie der positiven Neubewertung wird von manchen als Verdrängung negativer Gefühle oder Verleugnung einer negativen Realität kritisiert. Wenn hier vom „positiven Denken" als Möglichkeit für Stressbewältigung gesprochen wird, dann heißt das nicht einfach: „Denk doch mal positiv! Setz dir doch die rosarote Brille auf." Es handelt sich auch nicht um die bloße Aufforderung, „einfach optimistischer zu sein", auch wenn eine optimistische Grundhaltung, die aber durchaus situations- und realitätsadäquat bleibt, eine gute Copingstrategie sein kann (siehe Seite 100).

Vielmehr setzt eine positive Neubewertung die Auseinandersetzung mit den eigenen negativen Bewertungen und deren kritische Überprüfung voraus und beruht auf einer anderen Sicht der Dinge: Nachdem wir jede bedrohliche Situation – also den Stressor – ganz genau unter die Lupe genommen haben, sortieren wir neu.

INFO   **Das „wahre positive Denken"**

Wir hoffen, Sie haben es bemerkt: Wir meinen mit der „positiven Neubewertung" nicht die „Kraft des positiven Denkens" im Sinne J. Murphys, der darin den Schlüssel zu Glück, Erfolg und geistigem Wachstum gesehen und beschrieben hat. In esoterischen Kreisen hat es diese „Kraft" bis zu Heilsversprechen nicht nur für den Einzelnen, sondern für die ganze Menschheit gebracht. Sein Verständnis positiven Denkens schreibt dem Gedanken die „Kraft" zu, dass jeder Einzelne sein Schicksal durch positives Denken in der Hand hat – und deshalb auch die Verantwortung für alles Leid, das ihm passiert, übernehmen muss. „Denken Sie das Gute, und es wird sich verwirklichen" ist – anders als die positive Neubewertung – keine Aufforderung, sich neu mit der „negativen Realität" auseinanderzusetzen, sondern eine Heilslehre, die magisches Denken voraussetzt.

Das Kriterium unserer Auswahl ist jetzt: Welche (guten und schlechten) Details haben überhaupt eine Bedeutung für mich? Auch hier also eine Brille, die eine „selektive Wahrnehmung" zur Folge hat. Sie sortiert jedoch nicht nach positiv oder negativ, sondern nach dem, was wichtig, was relevant für mich ist, worüber ich mir überhaupt Gedanken machen muss.

Akzeptanz und Gelassenheit gegen Stress

Kennen Sie Don Quixote und die Redensart von den Windmühlenflügeln? Hier kämpft jemand einen sinnlosen – ja lächerlichen – Kampf, den er nicht gewinnen kann. Leider gibt es Menschen, die sich wie Don Quixote verhalten, die gegen Bedingungen und Schicksalsschläge, die nicht beeinflussbar sind, „anwüten". Sie nehmen einen Kampf auf, bei dem die Niederlage vorherzusehen ist. Stress pur!

Sie vergessen, dass es auch Situationen gibt, bei denen es auf die Einsicht ankommt, dass etwas passiert, passiert ist, passieren wird, was außerhalb unserer Kontrolle liegt, was wir nicht beeinflussen können, was wir – um nicht daran kaputtzugehen – akzeptieren müssen.

INFO   Gleichmut

Auch in den achtsamkeitsbasierten Stressreduktionsprogrammen zählt Akzeptanz zu den wesentlichen Lernzielen. Genau genommen ist sie die unmittelbare Folge der Achtsamkeit. Wer sich und das, was ihn umgibt – auch das, was ihn stresst –, „achtsam" wahrnimmt, bewertet nicht.

Achtsamkeit bedeutet damit auch, das Wahrgenommene so zu akzeptieren, wie es ist, alles ist gleich viel wert. Man spricht deshalb auch vom „Gleichmut", dem alles gleich wert oder unwert ist. Dieser Gleichmut ist das Gegenteil von Stress. Häufig wird der Vorwurf geäußert, Akzeptanz sei eigentlich Resignation oder ein Sich-Abfinden mit Veränderbarem.

Dagegen wird in der MBSR (siehe Seite 161) betont, dass die achtsame Akzeptanz, bei der es darum geht, genau und unvoreingenommen – akzeptierend – wahrzunehmen, was uns stresst, Veränderungsprozesse in Gang setzt.

In der Akzeptanz- und Commitment-Therapie (ACT), einer Methode, die aus der Verhaltenstherapie hervorging, geht es – wie der Name sagt – um diese Akzeptanz als Strategie, mit dem Stress umzugehen, den unerwünschte Gedanken, Gefühle und unangenehme körperliche Zustände auslösen. Da sie nun einmal zum Leben gehören, ist ein ständiger Kampf gegen sie ein Kampf gegen Windmühlenflügel und raubt uns die Kraft, uns dem, was wirklich wichtig ist im Leben, zuzuwenden.

Mein Anti-Stress-Konzept

Wir wissen nicht, wie Ihre Stresskonstellation aussieht. Wir wissen deshalb auch nicht, welcher Weg Sie aus Ihrer Stresskonstellation herausführen kann. Was wir Ihnen zeigen konnten: Es gibt viele Möglichkeiten, Stress sinnvoll und produktiv zu begegnen. Die wichtigste ist jedoch, unseren Stress zu überdenken, ein neues Konzept zu entwickeln.

Stress begreifen

In allen „Anti-Stress-Programmen" steht Aufklärung über Stress an erster Stelle. Denn Wissen, was „Stress" ist, ist der erste Schritt zur Stressbewältigung. Diese Aufklärung, die Wissenschaftler „Psychoedukation" nennen, kann auch zuhause stattfinden: Bücher über Stress und Stressbewältigung zu lesen, sich im Internet zu informieren oder eine Broschüre ihrer Krankenkasse zum Thema durchzublättern – alles kann dazu beitragen, dass Stressgeplagte anfangen, sich Gedanken zu machen.

Viele Menschen, die unter Stress und seinen Folgen leiden, beginnen mithilfe des dort Gelesenen eine „Selbsttherapie", das heißt: Mit den Anleitungen, die sie bekommen haben, trainieren sie ganz neue und effektivere Strategien, mit Stress besser klarzukommen.

Wenn Sie bis hierher gelesen haben, haben Sie damit längst begonnen und auf diese Weise wichtige Trainingseinheiten Ihres Anti-Stress-Programms schon absolviert. Auch die nächsten Schritte sind Sie bereits gegangen. Sie haben sich gefragt:

- Was stresst mich?
- Ist das, was mich stresst, also der Stressor, überhaupt veränderbar?

- Habe **ICH** Einfluss darauf?

Sie haben sich Gedanken gemacht,

- was Sie gegen negative (körperliche) Stressfolgen tun können (siehe Kapitel „Stress lass nach!", Seite 111) und
- welche Möglichkeiten es gibt, Ihren Stressor zu beeinflussen (siehe Kapitel „Probleme in Angriff nehmen, Seite 133).

Dieses Nachdenken über Stress ist kognitive, also bewusste gedankliche, Stressbewältigung. Die wichtigste Strategie ist und bleibt aber die Einsicht: Wir **machen** uns Stress! Und damit die Erkenntnis: Wir sind ihm nicht ausgeliefert.

INFO **Aufklärung, aber mit Vorsicht**

Eine solche Aufklärung und Anleitung durch Bücher hat auch einen Namen: Bibliotherapie. Sie ist dann besonders hilfreich, wenn es gelingt, den Leser wirklich zu motivieren, sich über sich selbst und seine Stresskonstellation Gedanken zu machen und die vorgestellten Copingstrategien für sich passend zu machen.

Neben Büchern gibt es natürlich das Internet als wichtige Informationsquelle, die inzwischen viele nutzen. Leider ist dort die Gefahr von Fehlinformationen größer als bei gut recherchierten und redaktionell betreuten Büchern. Denn niemand kann alle Einträge auf ihre Richtigkeit überprüfen.

Dass Sie deshalb möglicherweise wissenschaftlich ungenügend fundierte Informationen erhalten, ist jedoch das geringere Übel. Das größere: Die Interessen, die hinter den meist unbekannten Sponsoren stehen, sind häufig nicht zu erkennen, beeinflussen aber leider in vielen Fällen die als neutral und wissenschaftlich verkauften Informationen und Ratschläge. Das können zum Beispiel die Pharmaindustrie oder auch vermeintlich spirituelle Scharlatane sein, die an Ihrem Stress verdienen wollen. Seien Sie besonders vorsichtig bei Online-Tests und den dazugehörigen Angeboten, Sie bei Ihrer Stressbewältigung zu unterstützen. Hier kann ein Mausklick oft sehr viel Geld kosten.

Ist alles Stress, was wir für Stress halten?

Ein Optimist und ein Pessimist stellen bei einer Teambesprechung nacheinander ein gemeinsames Projekt vor...

Sie wissen, worauf wir hinauswollen. Wenn wir zwei typische Vertreter ihrer „Gattung" nehmen, kann es passieren, dass wir ganz unterschiedliche Geschichten und damit „Wirklichkeiten" erfahren. Denn wir sehen, was wir sehen wollen, was wir aufgrund unserer Vorerfahrungen, ... – Sie kennen das inzwischen – zu sehen erwarten. Denn es ist einfach so, dass unsere Wirklichkeit von unserer Brille, durch die wir sie betrachten, gefärbt ist. Wenn Sie ein Pessimist oder sekundärer Stress-Seismograph (siehe Seite 90) sind, haben Sie ein Vergrößerungsglas, das leider dunkel getönt ist.

Eine andere Brille

Sich einmal eine andere Brille auszuleihen, das heißt, eine andere Wahrnehmung kennenzulernen, ist eine gute Voraussetzung für effektive Stressbewältigung. Wie das am besten geht? Ein erster Schritt ist das Gespräch mit anderen, einem Optimisten zum Beispiel. Dabei bleibt dahingestellt, wer nun recht hat – welche Wirklichkeit „wirklicher" ist. Jeder Austausch mit anderen über das Problem, das Sie aktuell als bedrohlich wahrnehmen, kann eine Horizonterweiterung bedeuten. Sie lernen dadurch, dass Ihre Sichtweise der Situation nur eine von vielen möglichen ist, dass es durchaus andere gibt, die womöglich eher der Realität entsprechen.

Denkmuster überprüfen

Die beiden Verhaltenstherapeuten Aaron T. Beck and Albert Ellis (siehe Seite 91) haben unabhängig voneinander Therapieformen entwickelt, durch die depressive, ängstliche und stressgeplagte Menschen lernen, besser mit Stress erzeugenden Situationen und Bedingungen umzugehen. Ansatzpunkte sind dabei unsere Denkfehler und „falschen" Vorannahmen. Denn sie färben die Gläser unserer Brille ein, durch die wir die Anforderungen, denen wir uns gegenübersehen, betrachten. Sie sind, da sie eine verzerrte, irrationale, subjektive Sichtweise zur Folge haben, die Stressverstärker (siehe Seite 91), mit denen wir uns wirklich Stress machen.

Auf dem Prüfstand sind nicht nur unsere Wahrnehmung des Stressors und seine Bewertung. Auch jeden Gedanken, der sich mit den Folgen dieser Bewertung – unserer Reaktion – beschäftigt, sollten Sie aufschreiben, genau betrachten und auf seine Plausibilität hin untersuchen. Wie denke ich über meine Möglichkeiten? Habe ich wirklich keine Chance in dieser oder jener Situation? Muss die Sache schief- und ich in die Knie gehen? Gibt es niemanden, den ich um Hilfe fragen könnte?

Es geht dabei immer um

- die Prüfung der Logik (folgt aus meiner ersten Annahme wirklich zwingend die zweite?),
- den Abgleich mit der Realität (welche Fakten sprechen für meine Einschätzung? Habe ich alle Informationen dafür eingeholt?) und
- eine genaue Überprüfung der befürchteten Konsequenzen. (Muss das wirklich eintreten, was ich befürchte? Woraus schließe ich das? Was spricht dafür, was dagegen?)

Wahrscheinlich merken wir dabei, dass wir immer wieder ganz automatisch zu ähnlichen Einschätzungen kommen, dass unsere Gedanken von ziemlich rigiden „Glaubenssätzen" über uns und die Welt geprägt sind, dass wir in immer gleiche Fallen tappen, immer dieselben „Denkfehler" (siehe Seite 91) machen. Leider reagieren wir auch ziemlich stereotyp, sind in unserer Wahl der Copingstrategien also wenig flexibel.

Wenn wir aber einmal unsere typischen Denkfehler identifiziert haben, gelingt es uns – hoffentlich – immer öfter, uns auf frischer Tat zu ertappen und korrigierend einzugreifen.

Beweisen Sie, dass...

Die beste Methode, die eigenen rigiden stressverstärkenden Gedanken als Fehler zu entlarven, ist ein Versuch, sie zu beweisen. Wetten, dass Ihnen das nicht gelingt?

Oder haben Sie Beweise dafür, dass...

- man immer muss (immer perfekt sein muss zum Beispiel, oder die Wohnung aufgeräumt haben muss, bevor man sie verlässt ...), nie darf (zum Beispiel sich nie hängen lassen darf oder einem Freund nie eine Bitte abschlagen darf) und eigentlich immer (hilfsbereit, fit und bei der Sache sein) sollte,
- vor allem Sie keine Fehler machen dürfen,

- Sie wirklich zu dumm und absolut wertlos sind und Ihnen nie etwas gelingt,
- es alle anderen immer schlecht mit Ihnen meinen, Sie keiner mag?

Und: Sind Sie wirklich absolut sicher, dass
- Sie dieses oder jenes nicht aushalten können, sicher krank werden und daran zerbrechen werden?
- dieses oder jenes nie und nimmer gutgehen kann, alles immer nur schlechter wird, die Katastrophe nicht ausbleiben kann?

Wenn Sie es wirklich ernst meinen mit der Überprüfung Ihrer „Glaubenssätze", werden Sie feststellen. Sie können sie nicht beweisen. Denn: „Man muss nicht immer..."

Auch Sie dürfen wie jeder andere Fehler machen, ohne dass die Welt untergeht. Auch Sie haben gute Seiten, können dieses und jenes und Sie werden sicher nicht an dem Problem, das Sie gerade stresst, zerbrechen. Aller Wahrscheinlichkeit nach finden Sie auch jemanden, der Ihnen weiterhilft. Denn „nicht jeder meint es nur böse mit Ihnen"! Wetten, dass?!

Unser Stress auf dem Prüfstand

Wollen Sie einmal ausprobieren, Ihren ganz persönlichen Stress auf den Prüfstand zu stellen?
Die erste Voraussetzung: Nehmen Sie sich Zeit dafür!
Die zweite Voraussetzung: Finden Sie die Ruhe nachzudenken.
Und jetzt:

Der erste Check
Klären Sie, was Sie im Augenblick beeinträchtigt, innerlich erregt oder aus dem Gleichgewicht bringt.

Der zweite Check
Überprüfen Sie Ihre Bewertungen! Stimmt meine Sicht der Dinge:
- Welche objektiven Informationen, welche Fakten sprechen dafür?
- Schätze ich meine Kräfte, Kompetenzen, Möglichkeiten – kurz: meine Ressourcen – richtig ein? Welche Fakten sprechen dafür?

Der dritte Check

Stellen Sie sich Ihren Befürchtungen! Fragen Sie sich:

■ Was kann schlimmstenfalls passieren?

■ Und wie schlimm ist das verglichen mit dem, was mir oder denen, die mir nahe stehen, überhaupt passieren könnte?

Der vierte Check

Fragen Sie sich: Wie wichtig ist das Ganze eigentlich für mich?

■ Welche Bedeutung hat es überhaupt für mich, für mein Leben?

■ Wie denke ich in einem, in fünf, in zehn Jahren darüber?

Ein Klärungsbedarf zum Schluss:

Kann ich diese Frage allein für mich beantworten oder brauche ich Gesprächspartner (zum Beispiel Partner, Familienangehörige, Freunde, Kollegen oder professionelle Hilfe: einen Stress-Coach oder einen Psychotherapeuten)?

Ein neues Bild

Sie erinnern sich an die Grafik auf Seite 79, die Darstellung unserer Stresskonstellation – das Stresskonzept?

Ihr Anti-Stress-Konzept verändert dieses Bild, weil es dazu beiträgt, Ihren Blick auf die Anforderungen und Belastungen, also die Stressoren, zu verändern: Sie sind jetzt gar nicht mehr so belastend, sondern vielleicht sogar zu spannenden Herausforderungen geworden.

Und warum? Sie haben alte und neue Möglichkeiten und Fähigkeiten, Kompetenzen und Stärken (wieder) entdeckt und haben neue und effektivere Strategien gegen Ihren Stress ausprobiert und setzen sie ein, damit Ihr Stress nicht zum Dauerstress wird.

Sehen Sie sich die Grafik auf der folgenden Seite an. Erkennen Sie den Unterschied?

Mein Anti-Stresskonzept

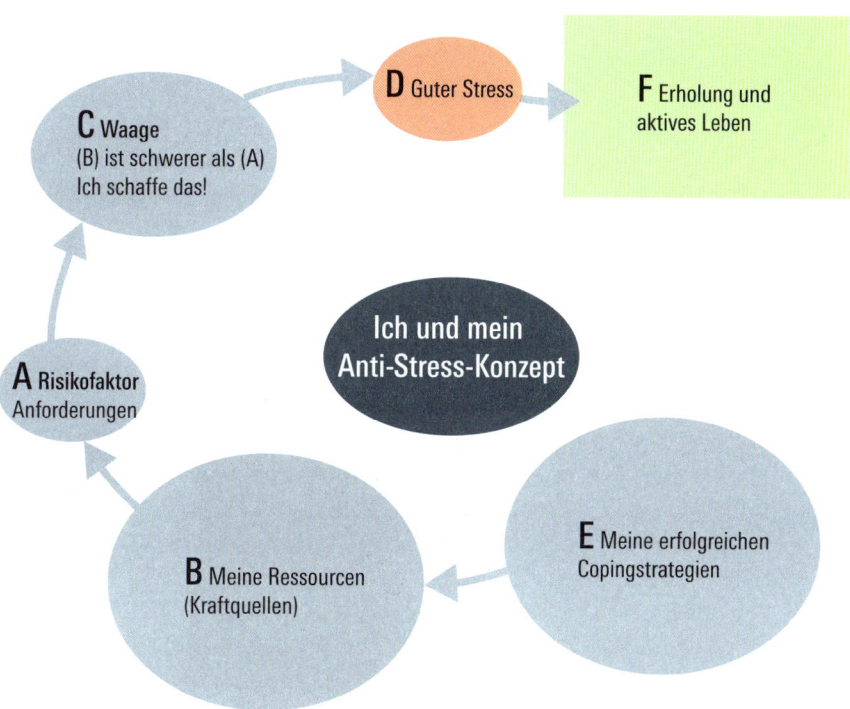

GESUND IM STRESS

Es gibt persönliche „Schutzfaktoren" gegen Stress. Einige davon sind leichter, andere weniger leicht erlernbar, da sie eher mit der Gesamtpersönlichkeit verwoben sind. Aber auch unsere Persönlichkeit ist nur „relativ" stabil. Wir können dazulernen und sie modulieren. Ihr Anti-Stress-Konzept trägt dazu bei. Wenn Sie es einsetzen, machen Sie neue positive Erfahrungen. Und neue positive Erfahrungen machen Sie stärker.

Ressourcen – Kraftquellen

Obwohl immer wieder angesprochen, sind sie bisher zu kurz gekommen: die Kraftquellen oder Ressourcen. Kraftquellen fallen uns viele ein.

Auf der gesellschaftlichen Ebene sind das: Frieden, politische und ökonomische Sicherheit, intakte soziale Strukturen, funktionierende gesellschaftliche Netze. Auf der individuellen Ebene sind es: befriedigende Beziehungen, gute Freunde, ein gutes Ein- und Auskommen, adäquate (finanzielle und ideelle) Anerkennung für das, was wir tun, Zeit und Gelegenheit für Ausgleich, Erholung, Zufriedenheit, Freude und Spaß.

Gesundheit gehört natürlich dazu und körperliche Robustheit, das heißt eine Konstitution, die uns nicht anfällig für Krankheiten macht. In Bezug auf die gestellten Anforderungen helfen Wissen, Kompetenz, Problemlösungsfähigkeit und Intelligenz. Sie alle sind Schutzfaktoren gegen die Risikofaktoren, die stressen und sogar krank machen können.

Hat man sie – so kann man schlussfolgern –, ist es kein Wunder, wenn man gegen negative Stressfolgen gewappnet ist.

Ein Wunder aber ist es – und das beschäftigt Stressforscher seit langem –, dass es Menschen gibt, die ohne die bisher genannten Schutzfaktoren auch maximalen Stress (gesund) überleben.

Im Stress gesund bleiben

Tatsächlich gibt es Menschen, die offenbar sehr viel mehr Widerstands-kraft gegen äußere und innere Stressoren und deren negative Folgen haben. Sie zeigen – so heißt es bei Fachleuten – Resilienz.

Resilienten Menschen gelingt es, angesichts von Stressfaktoren ohne andauernde körperliche, emotionale oder mentale Einbußen (siehe Seite 49) zu bleiben, also aus Stresssituationen – vielleicht nach einer „kurzen Unterbrechung" – erholt oder sogar gestärkt hervorzugehen. Sind sie einfach unempfindlicher gegenüber Stress? Haben sie andere Strategien der Stressbewältigung? Aus welchen Kraftquellen schöpfen sie?

Und last but not least: Können wir von ihnen lernen?

Was gibt uns Widerstandskraft?

Haben Sie sich schon einmal Gedanken gemacht, welche Eigenschaften Menschen haben, die Sie als besonders stresstolerant, stresskompetent, stressresistent – kurz resilient – einschätzen?

Auch Stressforscher ganz verschiedener Richtungen und Schulen ha-ben sich inzwischen diese Frage gestellt – nachdem es lange haupt-sächlich darum ging, was Menschen stresst, wie sie sich Stress machen und was sie anfällig für Stress macht. Damit hat sich innerhalb der me-dizinischen und psychologischen Stressforschung der Interessens-

---

INFO Salutotherapie

Salutogenetische Forschung hat die sogenannte Salutotherapie zum Ziel, das heißt im weitesten Sinn die „Gesundheitsförde-rung". Sie umfasst alle Strategien, die dazu dienen, die Gesund-heit zu stärken, zu erhalten und wiederherzustellen. Unter Saluto-therapie im engeren Sinn versteht man therapeutische Maßnah-men, die helfen, auch bei Krankheit „möglichst gesund" zu blei-ben, das heißt: die negativen Folgen von Krankheit zu mindern und Lebensqualität und Zufriedenheit zu erhalten oder wiederher-zustellen. Denn oft sind die unmittelbaren Krankheitssymptome nicht allein verantwortlich dafür, dass „gesundes Leben" nicht mehr möglich ist.

schwerpunkt verlagert: Man versucht heute auch herauszufinden:
- Warum und wie bleiben Menschen auch unter schwierigen Bedingungen gesund und
- wie können Menschen so gestärkt werden, dass sie selbst unter potenziell krank machenden („pathogenetischen") Bedingungen gesund bleiben?

Es geht also anders als bei der Frage nach der Pathogenese (was macht Menschen krank?) um Salutogenese (wie entsteht Gesundheit?).

Innere Ressourcen

Sie erinnern sich an das „Ich im Zentrum der Stresskonstellation" (siehe Seite 79) und die „Stresspersönlichkeit" (siehe Seite 83)? Dort ging es um die Eigenschaften, Denk- und Verhaltensmuster, die Menschen – leider – „stressanfällig" machen. Unter salutogenetischen Gesichtspunkten wird dagegen nach Persönlichkeitszügen, Verhaltensmöglichkeiten und Einstellungen gefragt, die Schutzfaktoren darstellen und zur Widerstandskraft gegen Stress beitragen.

Wir können hier nicht im Einzelnen auf die Theoriegebäude eingehen, in denen die unterschiedlichen Antworten beheimatet sind. Wir werden Ihnen im Folgenden einfach die Eigenschaften, Haltungen, Überzeugungen, Einstellungen aufzählen, die Stressforscher bisher als die wichtigsten Schutzfaktoren, die einem Menschen helfen können, auch im Stress gesund zu bleiben, identifiziert haben.

Einstellungen, die das Leben erleichtern

Forscher, die Menschen „im Stress" untersuchten und befragten, entdeckten, dass sich resiliente Menschen durch bestimmte Selbstüberzeugungen und Lebenseinstellungen von stressanfälligeren unterscheiden. Diese Selbstüberzeugungen sind in der Stresspsychologie als wesentliche Ressourcen beschrieben worden und als Schlagwörter – da diese Studien meist im englischsprachigen Raum stattfanden – auf Englisch bekannt geworden.

Immer wieder genannt werden zum Beispiel die „drei C" der Wider-
standsfähigkeit (englisch: Hardiness), einem zentralen Konzept der
Stressforschung. Danach sind die Menschen resilienter,

■ die der Überzeugung sind, dass sie das, was mit ihnen passiert,
beeinflussen und kontrollieren (control) können, also ihrem Schicksal
nicht hilflos ausgeliefert sind = **C für Control,**

■ die Anforderungen eher als Herausforderung (Challenge) und weniger
als Bedrohung interpretieren = **C für Challenge** und

■ die Engagement (Commitment) zeigen und bei allem, was sie tun, ihr
Bestes geben = **C für Commitment.**

Eine ähnliche Grundeinstellung verbirgt sich hinter der Ressource „percei-
ved self-efficacy", was auf Deutsch so viel wie „Selbstwirksamkeitser-
wartung" heißt. Dieser Begriff bezeichnet unsere eigene Erwartung, ob
wir selbst Einfluss auf Ergebnisse haben und wie stark und gezielt dieser Einfluss ist. Je höher Menschen ihre Selbstwirksamkeit einschätzen,
desto widerstandsfähiger zeigen sie sich gegen negative Stressfolgen.
Denn jemand, der daran glaubt, selbst etwas zu bewirken zu können,
und deshalb auch Anstrengungen unternimmt, schwierige Situationen
zu bewältigen, gerät weniger in Stress (siehe auch das C für control).

Eine weitere wichtige Ressource beschreibt der Begründer der salutogenetischen Forschung A. Antonovsky unter dem Begriff Kohärenzge-
fühl („sense of coherence"). Er bezeichnet damit eine Lebenseinstellung, die gekennzeichnet ist vom Vertrauen darauf, dass

■ das Leben strukturiert, vorhersehbar und erklärbar ist,

■ dass die Anforderungen, die das Leben an uns stellt, zu bewältigen
sind und

■ dass diese Anforderungen Herausforderungen sind, für die sich Anstrengung und Engagement lohnen.

Die Ressourcenforschung hat noch weitere Einstellungen und Überzeugungen gefunden, die in vielen Untersuchungen als Schutzfaktoren gegen Stresserkrankungen identifiziert werden konnten. Was allen gemeinsam ist: Menschen, die diese Lebenseinstellung haben, sind optimistisch und engagiert. Sie sind deshalb widerstandsfähiger gegen negative Stressfolgen, weil sie die Zuversicht haben, mit Schwierigkeiten
und Barrieren im täglichen Leben zurechtzukommen. Und sie tun auch
etwas dafür: Das heißt, sie gehen die Probleme an.

Realistischer Optimismus

Psychologen, die sich genauer mit Optimismus als Lebenseinstellung beschäftigen, haben außerdem festgestellt: Während Pessimisten Fehlschläge und unangenehme Ereignisse und deren Ursachen verallgemeinern und als dauerhaft ansehen, halten Optimisten sie für vorübergehend und auf den Einzelfall begrenzt. Außerdem neigen Pessimisten dazu, sich selbst die Schuld für negative Ereignisse zuzuschreiben, während Optimisten die Gründe für Fehlschläge bei anderen Menschen oder den Umständen suchen und Erfolge auf ihr Konto verbuchen.

Sie glauben an sich, ihre Fähigkeit und „das Gute im Menschen". Sie können deshalb Anforderungen eher als Herausforderungen bewerten. Sie sind auch – wenn nötig – in der Lage, „soziale Ressourcen" zu aktivieren, also um Hilfe zu bitten, weil sie nicht befürchten, auf Ablehnung zu stoßen. Optimisten sind also gut ausgerüstet gegen – krank machendes – Stresserleben.

Und der „Realismus"? Stressforscher vergessen nicht zu betonen, dass „unrealistischer Optimismus" – also zum Beispiel Selbstüberschätzung und das Ausblenden und Verleugnen von Negativem – Menschen zwar möglicherweise lange entspannt und locker leben lässt, aber dann ganz konkret doch zu Stress führen kann.

Erinnern Sie sich an die Gartenparty der Familie C. auf Seite 91? Der Pessimismus von Frau C. zeigte sich ja als der Stressfaktor überhaupt – und nicht nur für sie selbst. Und dann? Es regnete tatsächlich und es kamen auch die Kinder der Müllers mit und Renate, die ihren neuen Freund mitgebracht hatte, war mal wieder zur Vegetarierin geworden und Tina mit Liebeskummer war nach einer Stunde stockbetrunken ...

Aber die C.s waren dank des Pessimismus von Frau C. auf diese Überraschungen vorbereitet. Die Party unter den vielen Pavillons im Garten war super! Frau C. hatte ja genug problemorientiert gestresst. Ihr notorisch optimistischer Mann dagegen hatte an alle diese Eventualitäten überhaupt nicht gedacht und wäre sicher ganz schön in Stress geraten!

Wenn Frau und Herr C. Glück haben, können sie aus dieser Erfahrung und vielleicht noch einigen anderen ähnlichen gemeinsam einen realistischen Optimismus entwickeln, der nicht einfach bedeutet, dass alles gut wird, sondern auf der Einschätzung beruht, dass sich auch Schwierigkeiten meistern und Probleme lösen lassen.

Eigenschaften, die das Leben erleichtern

Welche Eigenschaften der „Big Five" nach dem Fünf-Faktoren-Modell Menschen eher stressanfällig machen, haben wir im Kapitel „Stress- typen und andere Persönlichkeiten" ab Seite 81 beschrieben. Die saluto- genetische Forschung fragt anders: Welche dieser fünf großen Eigen- schaften halten Menschen gesund? Klar ist dies bei der emotionalen Stabilität, dem Gegenpol zum Neurotizismus, da emotionale Stabilität, also Robustheit, definitionsgemäß die Stressunempfindlichkeit ein- schließt.

Was man inzwischen auch weiß, ist, dass Menschen, die bei der Dimension „Extraversion versus Introversion" eher zur Extraversion nei- gen, weniger leicht in Stress geraten. Sie – das ergaben zahlreiche Stu- dien – schätzen sich meist als kompetenter ein, können im Stress auf andere zugehen und gegebenenfalls um Unterstützung bitten, und sie bewerten Stressoren eher als Herausforderung, ebenso wie Menschen mit hohen Werten im Bereich „Offenheit für neue Erfahrungen und Ab- wechslung".

Auch Gewissenhaftigkeit erweist sich – so zeigen viele Untersuchun- gen – als hilfreich, weil gewissenhafte Menschen verantwortlich, zuver- lässig, organisiert, vorausschauend, effektiv und überlegt handeln, eher einen gesunden Lebensstil pflegen und gute „Zeitmanager" sind.

Menschen mit hohen Verträglichkeitswerten haben ebenfalls bessere Chancen. Sie neigen zu zwischenmenschlichem Vertrauen und zur Ko- operation mit anderen. Sie können aller Wahrscheinlichkeit nach als Fol- ge ihrer eigenen Freundlichkeit andere zum Helfen motivieren.

Und jetzt? Kann ich mich ändern?

Vielleicht geht es Ihnen jetzt wie vielen Menschen, die sich bisher als nicht besonders widerstandsfähig im Stress erlebt haben: Sie fühlen sich auf den Arm genommen, wenn Sie von all diesen inneren Ressour- cen lesen, die Ihnen helfen könnten – wenn Sie sie denn hätten!

Was ist – sagen Sie sich vielleicht –, wenn mir die Überzeugung fehlt, dass ich alles schaffe, wenn ich nicht zuversichtlich und überzeugt bin, alles im Griff zu haben? Was soll ich machen, wenn ich mich eben nicht zu den Persönlichkeiten zählen kann, denen Extravertiertheit, Offenheit, Gewissenhaftigkeit und emotionale Robustheit das Leben leichter machen?! Kann ich mich – meine Persönlichkeit – denn ändern?

Persönlichkeitsveränderung? Sie haben recht: Im Grunde passt das nicht. Ist Persönlichkeit nicht definitionsgemäß das, was sich nicht ändert, konstant bleibt? Ja, aber:

Kein Mensch – auch kein Persönlichkeitspsychologe – wird behaupten, dass Menschen sich nicht ändern können. Zwar müssen wir wohl damit leben, dass wir uns nicht grundsätzlich ändern, kein anderer, keine andere werden können. Aber auch unsere Persönlichkeitseigenschaften sind modulierbar – vielleicht relativ zu anderen Eigenschaften und verglichen mit anderen Personen weniger stark. Aber ein wenig schon. Und wodurch? Durch das Leben, also durch Erfahrungen und durch Training. Das macht doch Hoffnung – auch wenn Sie im Big-Five-Test die Feststellung gemacht haben sollten, dass Ihre Werte in den Dimensionen, die Sie anfälliger für Stress machen, hoch sind.

INFO   Veränderungen im Lauf des Lebens

Man weiß heute, dass auch die Big-Five-Persönlichkeitseigenschaften durchaus nicht so stabil sind wie lange Zeit gedacht. Sie verändern sich zum einen durch Life-events. Zum Beispiel steigen die Werte des Gewissenheitsfaktors mit dem Eintritt ins Berufsleben und sinken wieder mit der Berentung. Ein anderes Ergebnis einer Untersuchung: Die „Offenheitswerte" sinken mit der Heirat und steigen nach einer Scheidung vor allem bei Männern wieder. Und sie verändern sich durch das Älterwerden, einem sozialen und biologischen Prozess: Jugendliche sind in Bezug auf Offenheit, Extraversion und Gewissenhaftigkeit nun einmal „anders drauf" als Erwachsene und Senioren. Auch die emotionale Labilität verändert sich mit dem Älterwerden. Verlaufstests, also Persönlichkeitstests, die Menschen in verschiedenen Lebensaltern gemacht haben, zeigten, dass sie im Lauf ihres Lebens an emotionaler Stabilität gewannen.

Fähigkeiten, die das Leben erleichtern

Der Begriff „Weisheit" ist relativ neu in der Stress- und Resilienzforschung. Ganz ohne fachsprachliches Vorwissen und begriffliche Klarheit klingt dabei an, was die deutsche Sprache mit ihren Wörtern „Lebensweisheit" und „Altersweisheit" ausdrückt. In Bezug auf Stress und Stressbewältigung ist diese Weisheit jedoch konkreter gefasst, und zwar als eine ganze Reihe von Fähigkeiten – Kompetenzen –, die es Menschen erleichtern, mit schwierigen Lebenssituationen fertig zu werden und Belastungen besser bewältigen zu können. Diese „Weisheitskompetenzen" haben sich als wesentliche Grundlagen der Resilienz herausgestellt.

Die wichtigsten sind:

- die Fähigkeit, nicht nur auf kurzfristige Erfolge zu setzen, sondern in der Lage zu sein, auch Durststrecken in Kauf zu nehmen, wenn es darum geht, langfristige Ziele zu erreichen,
- die Fähigkeit, auch Ungewissheiten und Unsicherheiten auszuhalten,
- die Fähigkeit, sich in andere hineinzuversetzen und zu verstehen, was sie fühlen und empfinden,
- die Fähigkeit, auch andere Perspektiven bei der Beurteilung einer Situation einzunehmen,
- die Fähigkeit, sich und die eigenen Probleme aus der Perspektive anderer zu betrachten,
- die Fähigkeit, über sich selbst, die eigenen Gedanken, Gefühle, Wünsche, Bedürfnisse, Hoffnungen und Ängste nachzudenken,
- die Fähigkeit, sich selbst, die eigenen Probleme und Ansprüche im Vergleich zu den Problemen anderer zu relativieren, und
- Humor!

Das Gute: Diese Ressourcen und Schutzfaktoren gegen Stress sind erlernbar – wenn auch sicher nicht von heute auf morgen.

Und wie? Zum Beispiel: Üben Sie immer wieder, mit den Augen von anderen zu sehen, mit den Ohren anderer zu hören oder die Gefühle anderer zu fühlen:

Die Frau vor mir in der Schlange an der Kasse: Was denkt sie gerade? Wie fühlt sie sich? Und die Frau an der Kasse? Wie geht es mir gerade in der Schlange, wie ginge es mir, wenn ich im Urlaub wäre, wenn ich hier nicht in meinem Supermarkt anstehen würde, sondern für ein Ticket fürs Konzert meiner Lieblingsgruppe oder – eine sehr wichtige Übung – für eine Schale Reis, die eine Hilfsorganisation austeilt...

Oder: Stellen Sie sich immer wieder vor, wie Sie von dieser oder jener Belastung, unter der Sie leiden, irgendwann einmal Ihren Enkeln erzählen werden. Denken Sie aber auch darüber nach, wie Sie von den erfreulichen Ereignissen in Ihrem Leben berichten würden... Denn diese gibt es doch auch, oder?

Diese „Übungen" sind nicht einfach und setzen ständiges Training voraus. Wer jedoch nie damit anfängt, wird sie auch nie erlernen.

INFO **Die „Methode der unlösbaren Probleme"**

Eine ähnliche Übung – sie ist Bestandteil des Weisheitstrainings nach Michael Linden, einem deutschen Psychiater – ist die „Methode der unlösbaren Probleme". Die Aufgabe: Anhand kleiner Geschichten, in denen es um gravierende negative Lebensereignisse wie zum Beispiel einen Verkehrsunfall mit schlimmen Folgen oder eine „ungerechte", aber juristisch einwandfreie Kündigung geht, soll darüber nachgedacht werden, wie sich die einzelnen Beteiligten fühlen, was sie denken und tun: der Verursacher, der Betroffene, dessen Angehörige, mögliche andere Beteiligte.

In einem nächsten Schritt werden Personen, denen allgemein ein bestimmtes Herangehen an Probleme zugeschrieben wird, eingeführt: eine „altersweise", gütige Großmutter, ein Manager, der das Leben und seine Probleme rational „anpackt", ein Pfarrer, der sich mit moralischen und geistlichen Fragen beschäftigt, und ein Kulturforscher, dessen Thema die Sitten und Gebräuche anderer Länder und Kulturen sind. Und jetzt: Können Sie sich vorstellen und ausdenken, was diese vier Personen den in die oben genannte Situation Verwickelten raten würden?

Vielleicht schaffen Sie diese Übungen und „gedanklichen" Rollenspiele allein, vielleicht brauchen Sie die Hilfe eines „Trainers" innerhalb eines Anti-Stress-Seminars oder einer längerfristigen (Weisheits)Psychotherapie. Auf jeden Fall: Das Training lohnt sich.

„Humor ist, wenn man trotzdem lachen kann"

Die (etwas abgewandelte) Redensart drückt es treffend aus: Wer etwas
mit Humor betrachten kann, ist in der Lage, die Welt und ihren Stress
auch einmal nicht (bier-)ernst zu nehmen. Er nimmt eine neue Perspektive ein und kann aus dieser auf den ersten Blick unerfreuliche oder gar
bedrohliche Situationen neu bewerten. Denn jeder Perspektivenwechsel
bietet die Chance, den Blick auf andere Details der Situation zu richten,
vielleicht sogar auf solche, die einfach zum Lachen sind. Das wichtigste
ist aber: Humor hilft, sich von sich selbst und von den eigenen stressverstärkenden Gedanken zu distanzieren und auch über sich selbst lachen zu können.

Deshalb haben es humorbegabte Menschen viel leichter. Ihr Humor
erlaubt es ihnen, eine spielerische Haltung dem Alltag und seinen Herausforderungen, aber auch sich selbst und den eigenen Stressreaktionen gegenüber zu entwickeln und weit weniger gestresst zu sein als
Menschen, die immer alles sehr schwer nehmen müssen.

Eigene Ressourcen erkennen und aktivieren

In den vorigen Kapiteln wurden Sie immer wieder aufgefordert, sich Gedanken über Ihren Stress zu machen: Sie wurden nach Ihren Stressoren
gefragt, nach Ihrem Stresserleben und nach dem, was Stressoren mit
Ihnen machen. Drehen wir den Spieß jetzt um und fragen: Auf welche
Ressourcen können/konnten Sie bisher zurückgreifen?

Auch hier schlagen wir Ihnen vor, eine Liste zu erstellen. Beginnen Sie
mit den äußeren Ressourcen: Ihrer Familie, Ihrem Freundeskreis, den
Möglichkeiten Ihrer Freizeitgestaltung, Ihrer Wohnung, ...

Haben Sie aufgelistet? Dürfen wir vermuten? Die wenigsten unter Ihnen, haben ihre Arbeit als Ressource in ihre Liste aufgenommen. Aber
betrachten Sie Ihr berufliches Leben doch einmal genauer!

Wie sieht es in Ihrem Arbeitsalltag aus? Bedeutet Arbeit für Sie nur
Stress? Könnten Sie sich Ihr Leben ohne Arbeit wirklich lebenswerter
vorstellen? Wären Sie dann tatsächlich glücklicher? Für die meisten
Menschen ist Arbeit – wenn sie denn unvoreingenommen darüber nach-

denken – eine wesentliche, nicht nur ökonomische, Ressource. Sie fördert einen strukturierten Tagesablauf, befriedigt das Bedürfnis nach sozialer Anerkennung und ermöglicht Kontakte über den engen Kreis der Familie hinaus. Vier Fünftel der Arbeitnehmer berichten jedenfalls von Unterstützung durch Kollegen, Gemeinschaft und guter Zusammenarbeit – das hat die Befragung durch die Bundesanstalt für Arbeitsschutz und Arbeitsmedizin (nachzulesen im Stressreport 2012) ergeben. Gibt es dieses „gute kollegiale Miteinander" in Ihrem Büro nicht? Herrschen dort wirklich nur Konkurrenz und Feindseligkeit?

„WEISHEITSTRAINING", ERSTE LEKTION

Zweifeln Sie immer noch an Ihren Stärken und Ressourcen? Beginnen Sie jetzt mit dem „Weisheitstraining" (siehe Seite 186). Zum Beispiel:

→ Ist Ihre Gesundheit eine Ressource? Sind Sie unsicher? Dann fragen Sie sich: Wie gesund bin ich – verglichen mit anderen?

→ Das „kollegiale Miteinander"? Kennen Sie das nicht? Erleben Sie eher ein „kollegiales Gegeneinander" in Ihrem Beruf, weil Sie ja gerade wegen dieser oder jener Kollegin so gestresst sind? Haben Sie schon einmal versucht, sich in deren Situation zu versetzen, und sich Gedanken darüber gemacht, warum sie sich immer wieder so verhält?

→ Die Familie? Kommt sie für Sie als Ressource überhaupt nicht in Frage, weil gerade dort ja „ewiger Streit" herrscht? Fragen Sie sich doch einmal: Ist das wirklich immer so? Gibt es keine Momente der Ruhe und vielleicht sogar der gemeinsamen Zufriedenheit? Betrachten Sie Ihre Familie einmal von außen oder noch besser: mit den Augen jedes der einzelnen Familienmitglieder.

→ Und: Was erwarte ich denn von meiner Partnerin, beziehungsweise meinem Partner, meinen Kindern, und was erwarten die anderen von mir? Wie wünsche ich es mir eigentlich? Und was kann ich dafür tun?

Wohlbefinden gegen Stress

Wohlbefinden? Ich und mich wohlfühlen? – Vielleicht war das Ihr erster Gedanke beim Lesen der Überschrift. Aber sind Sie sicher, dass es Ihnen in den letzten Tagen und Wochen immer schlecht ging? Wollen Sie einmal versuchen, dieser Frage nachzugehen? Gab es nicht doch Momente, Situationen, Ereignisse, die Ihnen gutgetan haben? Solche Zeiten des Wohlbefindens sind wichtige Ressourcen! Versuchen Sie, sich zu erinnern!

Als Denkanstoß zitieren wir Ihnen auf der rechten Seite einen Abschnitt aus einem Fragebogen, der Menschen nach ihren Ressourcen fragt – es ist ein Teil des Berner Ressourcen-Inventars (RES, siehe Seite 204), bei dem es um Ihre Selbsteinschätzung geht. Er beginnt genau mit dieser Frage. Gab es Zeiten, in denen ich mich wohlgefühlt habe? Was hat dazu beigetragen? Wie häufig kam dies in der letzten Zeit vor? Der Fragebogen gibt sieben Antwortmöglichkeiten vor. Wir haben sie auf drei reduziert. Vielleicht reicht es Ihnen, wenn Sie sich fragen: Wie sehr hat mir ... geholfen: nie, zeitweise oder sehr häufig?

Alltagsfreuden gegen Alltagsbelastungen

War Ihnen der Fragebogen zu allgemein? Dann werden Sie konkreter: Notieren Sie Einzelheiten. Es gibt nicht nur daily hassles, also die vielen kleinen Alltagsbelastungen, sondern es gibt auch die vielen kleinen Alltagsfreuden: das letzte gute Gespräch mit einem Freund, dem Nachbarn oder Arbeitskollegen, vielleicht den Spaß, den Sie gestern mit Ihrem Hund hatten, den Blick aus Ihrem Fenster, den Sie hin und wieder einfach entspannt genießen können, die Musik, die Sie gerade auf Ihrem MP3-Player haben, einen Film, der Ihnen in der letzten Zeit gefallen hat, ein gutes Buch oder einfach das gute Mittagessen letzten Sonntag, das kürzlich ausnahmsweise aufgeräumte Zimmer Ihrer Kinder, ...

Fällt es Ihnen schwer, sich zu erinnern? Dann führen Sie ab jetzt ein Tagebuch – nein, kein Stresstagebuch, sondern ein Tagebuch, in dem Sie nur Positives notieren. Und wenn Ihnen das zu viel Arbeit, zu viel Stress ist, markieren Sie ab sofort in Ihrem Kalender – am besten mit Ihrer Lieblingsfarbe – die Termine, die „gar nicht so schlimm wie befürchtet waren" – die Sie vielleicht sogar zufrieden gemacht haben. Und ver-

Wohlbefinden

Bitte schätzen Sie ein, wie sehr die folgenden Situationen während der letzten
4 Wochen dazu beigetragen haben, dass Sie sich wohlgefühlt haben.

	Während der letzten 4 Wochen habe ich mich _____ wohlgefühlt, weil ...	nie	zeitweise	sehr häufig
1	... ich bei jemandem Geborgenheit und Sicherheit gefunden habe.	☐	☐	☐
2	... ich mit Freunden oder Bekannten zusammen gewesen bin.	☐	☐	☐
3	... ich mit meiner/m Partner/in oder meiner Familie zusammen gewesen bin.	☐	☐	☐
4	... ich meinem Hobby nachgegangen bin.	☐	☐	☐
5	... ich anregende und interessante Erlebnisse gehabt habe.	☐	☐	☐
6	... ich etwas für meine Gesundheit und Fitness getan habe.	☐	☐	☐
7	... ich mir Zeit genommen habe, mich auf mich selbst zu besinnen.	☐	☐	☐
8	... ich religiöse oder spirituelle Erlebnisse gehabt habe.	☐	☐	☐
9	... ich mich bewusst entspannt habe.	☐	☐	☐
10	... ich etwas erledigt habe, was schon seit einiger Zeit angestanden hat.	☐	☐	☐
11	... ich etwas geleistet habe, auf das ich stolz sein kann.	☐	☐	☐
12	... ich etwas besonders Schönes unternommen habe.	☐	☐	☐

INFO   Freudlosigkeit

Sie haben versucht, bunte Punkte in Ihren Kalender zu kleben, aber es wollte Ihnen überhaupt nichts einfallen, worüber Sie sich in den letzten Tagen oder Wochen freuen konnten? Versuchen Sie herauszufinden, wie lange das schon so ist. Möglicherweise handelt es sich bei Ihrer Freudlosigkeit um eines der Symptome einer Depression. Wenn Sie außerdem ständig gedrückter Stimmung und an nichts mehr interessiert sind, sich schwach und antriebslos fühlen, sich nicht mehr konzentrieren können, das Gefühl haben, nichts mehr auf die Reihe zu bringen, unfähig und wertlos zu sein, möglicherweise nicht mehr schlafen können, keinen Appetit mehr haben, sollten Sie einen Arzt aufsuchen. Depression ist eine häufige Erkrankung und kann behandelt werden (siehe Seite 40)!

teilen Sie über die Woche bunte Punkte für die Augenblicke, die Ihnen gutgetan haben, in denen Sie sich wohlgefühlt haben... Sie werden sehen – es gibt sie! Sie sind wichtige Kraftquellen – Ressourcen.

Auf der Suche nach Ressourcen – Denkanstöße

Sie haben mit Hilfe der Fragen des RES hoffentlich herausfinden können, was Ihnen in der letzten Zeit geholfen hat, sich – trotz Stress – auch einmal wohlzufühlen. Im Berner Ressourcen-Inventar geht es wie in jedem Inventar aber um mehr, nämlich um ein „genaues und ausführliches Bestandsverzeichnis aller Vermögensgegenstände" (wikipedia). Kennen Sie Ihr gesamtes „Ressourcen-Inventar"?

Zum Beispiel: Müssen Sie immer alles alleine meistern? Gibt es keinen, der Sie unterstützt, den Sie um Rat fragen können, der Ihnen zuhört, der Sie aufbaut? Und haben Sie an Ihre Stärken gedacht? Verwenden Sie die Fragebögen auf den folgenden Seiten, die – etwas verändert – aus dem RES entnommen sind, als Anregung, Ihren möglicherweise bisher unerkannten Ressourcen auf die Spur zu kommen. Denn: Sollten Sie nicht versuchen, auf das, was Ihnen offenbar bisher gutgetan hat und was Sie stark macht, ab heute verstärkt zu bauen? Haben Sie über diese Möglichkeit schon einmal nachgedacht?

Unterstützung im Alltag

Bitte beurteilen Sie bei den folgenden Fragen, auf welche Weise Sie während der letzten 4 Wochen im Alltag von anderen Menschen unterstützt worden sind.

	Während der letzten 4 Wochen habe ich im Alltag _____ Unterstützung erfahren, indem ...	nie	zeitweise	sehr häufig
1	... jemand etwas mit mir zusammen unternommen hat.	☐	☐	☐
2	... mir jemand hilfreiche Kritik gegeben hat.	☐	☐	☐
3	... mir jemand konkrete Perspektiven aufgezeigt hat.	☐	☐	☐
4	... mir jemand konkrete Hilfe angeboten hat.	☐	☐	☐
5	... mir jemand Vertrauen entgegengebracht hat.	☐	☐	☐
6	... jemand Rücksicht auf mich genommen hat.	☐	☐	☐
7	... Personen um mich herum gut miteinander ausgekommen sind.	☐	☐	☐
8	... mir jemand mitfühlend zugehört hat.	☐	☐	☐
9	... mir jemand eine kleine Aufmerksamkeit erwiesen hat.	☐	☐	☐
10	... mich jemand ermutigt hat.	☐	☐	☐
11	... ich bei jemandem Dampf ablassen konnte.	☐	☐	☐

Die Fragebögen des Berner Ressourcen-Inventar haben 7 Stufen (0 bis 6). Wir haben sie hier auf 3 Stufen reduziert. Den Einleitungstext zu „Bewältigung früherer Krisen" auf Seite 194 haben wir gekürzt.

Bewältigung früherer Krisen

Die folgenden Fragen beziehen sich auf Krisen in Ihrem Leben wie Krankheit, Trennung, Arbeitslosigkeit usw., die Sie heute nicht mehr oder kaum noch belasten. Bitte beurteilen Sie im Folgenden, was Ihnen in dieser Zeit aus heutiger Sicht geholfen hat.

	In einer früheren Krise hat es mir _____ geholfen, ...	nie	zeitweise	sehr häufig
1	... meinen Alltag zu strukturieren.	☐	☐	☐
2	... mir über meine Ziele klarzuwerden.	☐	☐	☐
3	... mir etwas zu gönnen.	☐	☐	☐
4	... mir Zeit für mich zu nehmen.	☐	☐	☐
5	... so sehr unter Druck zu kommen, dass ich etwas unternehmen musste.	☐	☐	☐
6	... die Situation zu akzeptieren.	☐	☐	☐
7	... meine Schwierigkeiten als Chance zu sehen.	☐	☐	☐
8	... der Situation mit Humor zu begegnen.	☐	☐	☐
9	... Geduld zu haben.	☐	☐	☐
10	... Kraft aus meinem Glauben oder meiner Spiritualität zu schöpfen.	☐	☐	☐
11	... zeitweise bewusst an etwas anderes zu denken.	☐	☐	☐
12	... mich mit Aktivitäten abzulenken.	☐	☐	☐
13	... professionelle Hilfe in Anspruch zu nehmen.	☐	☐	☐
14	... zu erleben, wie jemand anderes mit einer ähnlichen Situation umgegangen ist.	☐	☐	☐
15	... meine Einstellung zu überdenken.	☐	☐	☐
16	... zu denken, dass es mir im Vergleich zu anderen Menschen immer noch gutgeht.	☐	☐	☐
17	... zu weinen.	☐	☐	☐
18	... von anderen Menschen unterstützt zu werden.	☐	☐	☐

Situationen, die mit einem hohen Selbstwerterleben verbunden sind

Es gibt Zeiten, in denen man sich ausgesprochen unausgeglichen fühlt, an sich selbst zweifelt. Manche Situationen wiederum führen dazu, dass man regelrecht stolz auf sich selbst sein kann: Man hat etwas geschafft, was einem zu Recht viel bedeuten kann. Im Folgenden sind eine Reihe von Situationen aufgeführt, die bei vielen Menschen damit verbunden sind, dass sie stolz auf sich selbst sein können. Bitte beurteilen Sie jeweils, wie häufig Sie während der letzten 4 Wochen aufgrund dieser Situationen stolz auf sich selbst sein konnten.

	Während der letzten 4 Wochen bin ich _____ stolz auf mich gewesen, weil...	nie	zeitweise	sehr häufig
1	... ich für andere da gewesen bin, wenn sie mich brauchten.	☐	☐	☐
2	... ich von anderen Anerkennung bekommen habe.	☐	☐	☐
3	... ich eine gute Leistung erbracht habe.	☐	☐	☐
4	... ich eigene Ängste überwinden konnte.	☐	☐	☐
5	... ich mir etwas gönnen konnte.	☐	☐	☐
6	... ich etwas für mein Wohlbefinden getan habe (Hobby, Sport...).	☐	☐	☐
7	... ich mutig gewesen bin.	☐	☐	☐
8	... ich alles ruhiger und gelassener als sonst genommen habe.	☐	☐	☐
9	... ich mich auf eine wichtige Situation gut vorbereitet habe.	☐	☐	☐
10	... ich meine Meinung gut vertreten konnte.	☐	☐	☐
11	... ich etwas Unangenehmes oder Aufgeschobenes erledigt habe.	☐	☐	☐
12	... ich kreativ gewesen bin.	☐	☐	☐
13	... ich mich gut konzentrieren konnte.	☐	☐	☐

Persönliche Stärken und Fähigkeiten

Vervollständigen Sie bitte diesen Satz:

	Es ist _____ eine Stärke von mir, dass...	nie	zeitweise	sehr häufig
1	... ich ein Hobby oder besondere Interessen habe.	☐	☐	☐
2	... ich geradlinig bin.	☐	☐	☐
3	... ich offen für neue Erfahrungen bin.	☐	☐	☐
4	... ich anderen Menschen Mitgefühl entgegenbringe.	☐	☐	☐
5	... ich zuversichtlich in die Zukunft schaue.	☐	☐	☐
6	... ich viele schöne Sachen erleben kann.	☐	☐	☐
7	... ich geduldig bin.	☐	☐	☐
8	... ich temperamentvoll bin.	☐	☐	☐
9	... ich Phantasie habe.	☐	☐	☐
10	... ich gut mit Menschen umgehen kann.	☐	☐	☐
11	... ich gut Probleme lösen kann.	☐	☐	☐
12	... ich selbstbewusst auftrete.	☐	☐	☐
13	... ich den Dingen kritisch auf den Grund gehe.	☐	☐	☐
14	... ich eine rasche Auffassungsgabe habe.	☐	☐	☐
15	... ich körperlich fit bin.	☐	☐	☐
16	... ich mich attraktiv kleide.	☐	☐	☐
17	... ich selbstständig für mich sorgen kann.	☐	☐	☐
18	... ich einen guten Geschmack habe.	☐	☐	☐
19	... ich zu meinen Schwächen stehen kann.	☐	☐	☐
20	... ich Humor habe.	☐	☐	☐
21	... ich zielstrebig handle.	☐	☐	☐

Meine Stärken

Wie ging es Ihnen mit diesen Fragebögen? Wir haben sie für Sie heraus-
gesucht, weil viele Menschen im Stress leider ihre Stärken vergessen. In
ihrer Hektik, den riesigen Berg voller Pflichten, Forderungen und Ansprüchen vor Augen, erleben sie sich nur noch als Opfer.

Wir hoffen, dass Ihnen beim Nachdenken über die Fragen in den einzelnen Fragebögen wieder einfallen konnte, dass auch Sie bisher viele
„Anforderungen und Belastungen" (erinnern Sie sich an das A Ihrer
Stresskonstellation?) gemeistert haben, dass Sie auch stolz auf sich sein
können, und vor allem, dass Sie dabei Aspekte an sich entdeckt haben,
die Sie als eine Stärke erleben.

Aber: Wir sind sicher, dass Ihnen noch ganz andere Stärken einfallen
als in den Fragebögen angegeben. Nehmen Sie sich die Zeit, darüber
nachzudenken! Und wozu? Sie gehen damit den ersten Schritt der Res-
sourcenaktivierung. Denn sich seiner eigenen Stärken bewusst zu sein
macht stark.

Brauchen Sie Unterstützung?
Erfolgreiche Stresspräventionsprogramme

Nachdem durch die Arbeiten von Lazarus und seinen Mitarbeitern (siehe Seite 73) die psychologischen Faktoren bei der Stressentstehung ins Zentrum der Stressforschung gerückt sind, entstand eine wahre Flut an Stressmanagement-Programmen, die dem Ziel dienen, stressgeplagte Menschen gegenüber negativen Stressfolgen stark zu machen.

Sie werden privat angeboten von „Stress-Coaches" und „Anti-Stress-Trainern" oder sind Bestandteil von Weiter-, Fortbildungs- und Manager-seminaren. Sie finden statt als Angebote der Krankenkassen, Volkshoch-schulen, in (kirchlichen) Familienbildungsstätten und kommunalen Ein-richtungen und Beratungsstellen. Inzwischen werden sie sogar schon in Schulen, Universitäten und Behörden als gesundheitsfördernde Maß-nahmen eingesetzt.

Mittlerweile gibt es auch in vielen größeren Betrieben das Angebot, an einem Anti-Stress-Training oder an Entspannungskursen teilzuneh-men. Deren Ziel: die Vermeidung oder zumindest Verringerung von Stress auf der einen Seite und die Vermittlung von Bewältigungsstrate-gien auf der anderen.

Einzelne von ihnen richten sich an bestimmte Berufs- oder Personen-gruppen, andere sind spezifiziert für die Anwendung in bestimmten In-stitutionen, zum Beispiel Kliniken, wo Menschen Unterstützung bei der Bewältigung des Stresses brauchen, den eine chronische oder lebens-bedrohliche Krankheit bedeutet, oder in psychosomatischen Kliniken, die sich ausdrücklich der Behandlung von Stresserkrankungen ver-schrieben haben.

Alle diese Trainingsprogramme haben dasselbe Ziel: den Teilnehmern die Fähigkeit zu vermitteln, im Stress gesund zu bleiben oder überhaupt erst einmal „Erholung" zu lernen. Bei manchen stehen Entspannungs-übungen, Atemübungen oder ganz unspezifisch irgendwelche „Well-ness"-Angebote im Vordergrund. Ob diese jedoch ausreichen, in Zu-kunft besser mit Stress umzugehen, wird von Experten bezweifelt.

Im Folgenden haben wir eine Liste der Programme zusammengestellt, deren Wirksamkeit sich auch unter strengen wissenschaftlichen „Kon-trollen" erwiesen hat.

Gelassen und sicher im Stress – und andere Seminare zur Stressbekämpfung

Als erwiesenermaßen effektiv und wissenschaftlich fundiert gelten Stressbewältigungsprogramme, die

1. am individuellen „Belastungsprofil" ansetzen,
2. die individuellen stressverstärkenden Gedanken erkennen helfen und sie zu verändern suchen,
3. auf den individuellen bisher angewandten Copingstrategien aufbauen,
4. eine Vielzahl verschiedener Copingstrategien und Techniken vermitteln, die auf den heutigen Erkenntnissen der Stresstheorie beruhen.

Die meisten der Programme basieren auf der Theorie der (kognitiven) Verhaltenstherapie (siehe Seite 173). Einen etwas anderen Schwerpunkt setzen die Programme, die auf Jon Kabat-Zinn und sein Programm der MBSR (Mindfulness Based Stress Reduction = achtsamkeitsbasierte Stressreduktion, siehe Seite 161) zurückgehen. In ihnen stehen Meditation und Achtsamkeitsübungen im Zentrum.

INFO   Auch der Rahmen muss stimmen

Wenn der Einzelne seine Werkzeuge gegen den Stress optimiert und ein Anti-Stress-Konzept entwickelt, nützt dies nur wenig, wenn die Rahmenbedingungen nicht stimmen. Innerhalb der Stressforschung wurde dafür der Begriff „bedingungsorientiertes Coping" eingeführt. Es versucht die Rahmenbedingungen, die stressen, zu verändern.

Das ist natürlich bei betrieblichen Anti-Stress-Seminaren besonders wichtig: Denn mit Maßnahmen, die sich darauf beschränken, das Stress-erleben und die Copingstrategien der Mitarbeiter zu verändern – also mit so genannten personenbezogenen Maßnahmen –, allein ist es ja meist nicht getan. Von betrieblicher Seite aus muss immer mit bedacht werden, welche arbeitsbezogenen Stressoren verändert werden können, um das Auftreten von Stresssituationen zu verhindern. Das heißt, betriebliche Maßnahmen sollten sowohl an arbeitsorganisatorischen und technischen Problemen als auch an der individuellen Stressbewältigung ansetzen.

„Trainingseinheiten" gegen den Stress

Alle Stresspräventions- und -bewältigungsprogramme, die diesen Kriterien genügen und für die derzeit auch Wirksamkeitsnachweise vorliegen, sind so genannte modulare Programme. Das heißt: In verschiedenen Einheiten geht es schwerpunktmäßig um unterschiedliche Themen, wobei „Entspannung" als Copingstrategie natürlich dazugehört.

Wichtig sind aber auch andere Module, also zum Beispiel Aufklärung und Psychoedukation (siehe Seite 171), die Diagnostik des bisherigen Erlebens, Denkens und Verhaltens und das Erarbeiten konkreter Problemlösungsstrategien, zum Beispiel ein besseres Zeitmanagement und eine effektivere persönliche Arbeitsorganisation (siehe Seite 60). Im Mittelpunkt dieser Stresspräventionsprogramme stehen immer das Kennenlernen und Einüben mentaler Copingstrategien (siehe Seite 100).

Erkennen Sie in den einzelnen Modulen unsere Themen und Kapitel, die Sie bisher gelesen haben, wieder? Wenn ja, haben Sie schon mit der Stressbewältigung begonnen. Sie wissen jetzt, dass erfolgreiche Stressmanager eine Vielzahl von Bewältigungsstrategien einsetzen und an vielen Schrauben drehen, die Sie im Werkzeugkasten der letzten Kapitel gefunden haben. Wenn Sie diese einzusetzen in der Lage sind, haben Sie erfolgreich eine „Bibliotherapie" gegen Ihren Stress gemacht.

Falls Ihnen diese Art des Lernens nicht ausreicht, empfehlen wir Ihnen die Teilnahme an einem Stresspräventions- oder Stressbewältigungsseminar. Zwar unterscheiden sich die Inhalte der Seminare nicht fundamental von denen des Buches, aber Sie können dort auf zwei weitere wichtige Faktoren bauen:

1. auf die Anleitung und Begleitung durch einen erfahrenen Trainer oder Coach (die – so der Anspruch guter Programme – neben einem Psychologiestudium auch eine spezifische Weiterbildung als Gruppen- und Kursleiter hinter sich haben) und

2. auf eine Besonderheit des sogenannten Settings, deren Bedeutung für die Effektivität des Programms nicht hoch genug eingeschätzt werden kann: die Gruppe.

Training in der Gruppe

Die meisten der Stressbewältigungsprogramme finden in der Gruppe statt. Der Austausch mit anderen, die ähnliche Stresserfahrungen gemacht haben und leider immer noch machen, hilft, sich selbst und anderen einzugestehen, dass man mit seinen eigenen – bisherigen – Stressbewältigungsversuchen am Ende seines Lateins ist und Unterstützung braucht. Er trägt aber auch dazu bei, sich auf seine Stärken – Ressourcen – zu besinnen. Denn die meisten Menschen wissen gar nicht, wie gut sie doch „funktionieren", welche Kräfte sie spontan, also ohne Anleitung, schon immer zu mobilisieren in der Lage waren – zum Beispiel im Augenblick: sich Unterstützung zu organisieren.

Gemeinsam lassen sich dann Stressbewältigungsstrategien sammeln, wobei jedes Gruppenmitglied von den Erfahrungen der anderen profitieren kann.

Und ganz wichtig: In einer Gruppe lernt man am besten, auch andere Perspektiven bei der Beurteilung einer Situation einnehmen zu können, sich und die eigenen Probleme aus der Perspektive anderer zu betrachten und sich selbst, die eigenen Probleme und Ansprüche im Vergleich zu den Problemen anderer zu relativieren (siehe Seite 186).

INFO Finanzielles

Stresspräventionsprogramme dienen nach § 20 Sozialgesetzbuch (SGB) V als Präventionsmaßnahme zur Förderung der Gesundheit. Aus diesem Grund können Kursteilnehmer einen Teil der Seminargebühr von ihrer Krankenversicherung rückerstattet bekommen. Die Voraussetzungen zur Kostenübernahme von 70 bis 100 Prozent der Kursentgelte durch die gesetzlichen Krankenkassen:

■ Die Kurse müssen unter qualifizierter Anleitung (siehe Seite 119) stattfinden.

■ Die Kurse müssen zeitlich begrenzt sein (beispielsweise ein Blockseminar oder zehn Veranstaltungen).

■ Eine weitere Voraussetzung für eine Erstattung ist Ihre regelmäßige Teilnahme. Der Kursanbieter, dessen Qualifizierung von Ihrer Krankenversicherung anerkannt werden muss, muss Ihnen eine verbindliche Teilnahmebescheinigung mit allen Angaben zum Kurs ausstellen.

Erkundigen Sie sich am besten im Vorfeld bei Ihrer Krankenkasse, ob sie den von Ihnen ausgewählten Kurs als „erstattungsfähig" einstuft. Am einfachsten ist dies, wenn er von Ihrer eigenen Krankenkasse oder in Zusammenarbeit mit anderen Krankenkassen angeboten wird.

Der Markt der Möglichkeiten

Hier nun die Liste der derzeit bekanntesten wissenschaftlich fundierten und auf ihre Wirksamkeit geprüften deutschsprachigen Programme zur individuellen Stressbewältigung. Außer dem SIT (siehe Seite 167), das sich auch an Einzelne richten kann, sind alles Trainingseinheiten für Gruppen. Manche sind für gestresste Individuen, andere sind entworfen worden, um ganz arbeitsplatzbezogen in den Betrieben selbst veranstaltet zu werden. Die meisten finden entweder in Blockseminaren (am Wochenende zum Beispiel zweimal 7 Stunden) oder in mehreren wöchentlichen Sitzungen statt – insgesamt bis zu 16 Sitzungen. Sie finden außer dem Namen des Programms und seiner Autoren/Urheber kurz die jeweiligen Schwerpunkte, Module und Ziele und den jeweils organisatorischen und zeitlichen Ablauf (Setting).

1) Gelassen und sicher im Stress – Psychologisches Programm zur Gesundheitsförderung (Kaluza 2004, siehe Seite 93)
Setting: Gruppe / meist 12 (wöchentliche) Termine à 120 Minuten
Hauptmodule/Themen/Ziele: Entspannungstraining, Klärung der Stressverstärker, Problemlösungstraining, Kognitionstraining, Genusstraining.
Ergänzungsmodule: Sport und Bewegung, Soziale Unterstützung, Zielklärung, Zeitmanagement, Notfall-Strategien

2) Stressimpfungstraining (Meichenbaum 2003, siehe Seite 167)
Setting: Einzel- oder Gruppentraining / nicht festgelegt
Hauptmodule/Themen/Ziele: Klärung stressrelevanter Gedanken und Verhaltensweisen, Problemlösungstraining, Einübung von Copingstrategien, Stresskonfrontation

3) Gelassen bei der Arbeit – ein Trainingskurs zur Bewältigung von Stress am Arbeitsplatz (Wiegard, Tauscher, Inhester, Puls und Wienold 2000a).
Setting: Gruppentraining am Arbeitsplatz / 12 Termine à 90 Minuten
Hauptmodule/Themen/Ziele: Entspannungstraining, Bewältigung arbeitsplatzbezogener Probleme (Schwerpunkt: Problematisierung bisheriger Stressbewältigungsversuche durch Alkohol, Training neuer Copingstrategien)

4) Optimistisch den Stress meistern (Reschke, Schröder,2000)
Setting: Kombination von Gruppentraining und Einzelberatung (Jugendliche und Erwachsene)

Hauptmodule/Themen/Ziele: Psychoedukation, Analyse stressrelevanter Belastungsfaktoren Training effektiverer Copingstrategien, Aufbau von Ressourcen

5) Rational-emotive Therapie (RET) als Gruppentraining gegen Stress (Schelp, Maluck, Gravemeier 1997). Das Programm basiert auf der Rational-Emotiven Verhaltenstherapie (REVT) von Albert Ellis (siehe Seite 173)
Setting: Gruppe / variabel
Hauptmodule/Themen/Ziele: Kognitionsmodule, Emotionsmodule, Verhaltensmodule

6) Der erfolgreiche Umgang mit täglichen Belastungen (Kessler und Gallen). Das Programm ist eine Überarbeitung von Schott und Müller 1995.
Setting: Gruppe / 16 wöchentliche Termine (60 bis 90 Minuten)
Hauptmodule/Themen/Ziele: kurzfristige und langfristige Stressbewältigungs- und -verhinderungsstrategien

7) Stressreduktionstraining mit Yogaelementen für Erwachsene (Straimy)
Setting: Gruppe /10 (wöchentliche) Termine à 120 Minuten
Hauptmodule/Themen/Ziele: Psychoedukation, individuelle Stressdiagnostik, Vermittlung kurz- und langfristiger Stressbewältigungsstrategien, berufsspezifische Stressbewältigung, Verbesserung der Emotionsregulation sowie der Selbstregulation mit Hilfe von Yoga und Meditation

8) Stressfit Training zum individuellen Umgang mit Stress (Bodenmann 2002) basierend auf dem Copingansatz von Perrez und Reicherts
Setting: Gruppe / 1 Tag (6 Stunden)
Hauptmodule/Themen/Ziele: Psychoedukation, Aufbau stressausgleichender Aktivitäten, Umgang mit aktuellem Stress, Beruhigungsstrategien, Vermeidung von unnötigem Stress, Beratung über gesunde Lebensweise

9) Stressbewältigung durch Achtsamkeit (MBSR = Achtsamkeitsbasierte Stressreduktion, Kabat-Zinn 1979, siehe Seite 161)
Setting: Gruppe / achtwöchiger Intensivkurs (8 Abendtermine in 8 Wochen + ein Meditationstag) oder variabel
Hauptmodule/Themen/Ziele: Körperübungen, Meditation, Achtsamkeitsübungen

Zum Nach- und Weiterlesen

Ratgeber der Stiftung Warentest

Ängste überwinden. Berlin, 2010

Depressionen überwinden. Niemals aufgeben! Berlin, 2012

Handbuch Medikamente. Vom Arzt verordnet. Für Sie bewertet. Berlin, 2013

Herz und Kreislauf. Was Sie für Ihre Herzgesundheit tun können. Berlin, 2012

Magen und Darm. Beschwerden heilen, lindern, vermeiden. Berlin, 2013

Weitere Literatur

Kaluza, Gert: **Gelassen und sicher im Stress.** Springer Verlag, Berlin/ Heidelberg, 2012

Kaluza, Gert: **Stressbewältigung.** Springer Verlag, Berlin/Heidelberg, 2011

Linden, M., Baumann, K.: **Weisheitskompetenzen und Weisheitstherapie.** Die Bewältigung von Lebensbelastungen und Anpassungsstörungen. Dustri Verlag, München, 2008

Litzcke, S., Schuh, H., Pletke, M.: **Stress, Mobbing, Burn-out am Arbeitsplatz.** Springer Verlag, Berlin/Heidelberg, 2013

Rensing, L., Koch, M., Rippe, M. u.a.: **Mensch im Stress – Psyche, Körper, Moleküle.** Springer Verlag, Berlin/Heidelberg, 2013

Riemann, Fritz: **Grundformen der Angst.** Reinhardt Verlag, München, 2011

Selye, Hans: **Stress beherrscht unser Leben.** Econ Verlag, Düsseldorf, 1957

Wadt, M., Acker, J.: **Burnout – Mit Akzeptanz und Achtsamkeit den Teufelskreis durchbrechen.** Huber Verlag, Bern, 2013

Watzlawick, Paul: **Anleitung zum Unglücklichsein.** Piper Verlag, München, 2013

Tests und Fragebögen

Carver, C. S. (1997). You want to measure coping but your protocol's too long: Consider the Brief COPE. International Journal of Behavioral Medicine, 4, S. 92–100. (deutsch: Knoll, N., Rieckmann, N., & Schwarzer, R.

(2005). Coping as a mediator between personality and stress outcomes: A longitudinal study with cataract surgery patients. European Journal of Personality, 19, S. 229–247.)

Holmes, T. , Rahe, R.: **The Social Readjustment Rating Scale (SRRS).** In: Journal of Psychosomatic Research. Vol. 11, Nr. 2, 1967, S. 213–218

Satow, Lars: **Big-Five-Persönlichkeitstest** unter: www.psychome da.de/online-tests/persoenlichkeitstest.html

Traue, H.C., Hrabal, V. , Kosarz, P. **Der Alltagsbelastungsfragebogen (ABF):** Zur inneren Konsistenz, Validierung und Streßdiagnostik mit dem deutschsprachigen daily stress inventory, Verhaltenstherapie und Verhaltensmedizin, 2000, 21/2, S. 15–21

Trösken, Anne: **Das Berner Ressourcen-Inventar** – Ressourcenrealisierung und Ressourcenpotentiale unter: www.troesken.eu/ inventory.html

REGISTER

Herr Dr. Günter Niklewski ist seit 20 Jahren Chefarzt der Klinik für Psychiatrie und Psychotherapie am Klinikum Nürnberg.

Frau Dr. Rose Riecke-Niklewski ist seit über 20 Jahren Psychotherapeutin in eigener Praxis.

Zusammen haben sie zahlreiche erfolgreiche Ratgeber geschrieben. Bei der Stiftung Warentest erschienen sind unter anderem „Depressionen überwinden" und „Ängste überwinden".

IMPRESSUM

© 2013 Stiftung Warentest, Berlin

Stiftung Warentest
Lützowplatz 11–13
10785 Berlin
Telefon 0 30/26 31–0
Fax 0 30/26 31–25 25
www.test.de
email@stiftung-warentest.de

USt.-IdNr.: DE136725570

Vorstand: Hubertus Primus
Weiteres Mitglied der Geschäftsleitung:
Dr. Holger Brackemann
(Bereichsleiter Untersuchungen)

Alle veröffentlichten Beiträge sind urheberrechtlich geschützt. Die Reproduktion – ganz oder in Teilen – bedarf ungeachtet des Mediums der vorherigen schriftlichen Zustimmung des Verlags. Alle übrigen Rechte bleiben vorbehalten.

Programmleitung: Niclas Dewitz
Autoren: Dr. med. Dr. phil. Günter Niklewski, Leitender Arzt der Klinik für Psychiatrie und Psychotherapie am Klinikum Nürnberg,
Dr. phil. Rose Riecke-Niklewski, psychologische Psychotherapeutin, Nürnberg

Projektleitung/Lektorat: Ursula Rieth
Mitarbeit: Veronika Schuster
Korrektorat: Christoph Nettersheim
Fachliche Unterstützung: Professor Dr. Michael Linden, Reha-Zentrum Seehof der Deutschen Rentenversicherung und Forschungsgruppe Psychosomatische Rehabilitation an der Charité Universitätsmedizin Berlin

Titelentwurf: Susann Unger, Berlin
Layout, Grafik, Satz und Bildredaktion:
Anne-Katrin Körbi
Illustrationen: Kati Hammling, Anne-Katrin Körbi
Bildnachweis: plainpicture/ballyscanlon (Titel);
Gettyimages: S. 4 rechts (John Lund/Drew Kelly), S. 5 rechts (Sporrer/Rupp), S. 6 (John Lund/Drew Kelly), S. 68 (Image Source/InStock), S. 80 (Siri Stafford), S. 96 (Justin Lambert), S. 110 (Daniel Grill), S. 132 (Sporrer/Rupp), S. 156 (momentimages), S. 178 (Lise Gagne)
thinkstockphoto: S. 4 links, S. 5 links, S. 16 (Goodshot), S. 24 (Fuse), S. 32, S. 50 (Stockbyte)
Produktion: Vera Göring
Verlagsherstellung: Rita Brosius (Ltg.), Susanne Beeh
Litho: tiff.any, Berlin
Druck: Firmengruppe APPL, aprinta druck, Wemding

ISBN: 978-3-86851-140-6